U0594569

的科学丛书

不可不知的科学名著

Wuchubuzai de
Kexue Congshu

BUKEBUZHI DE

KEXUE MINGZHU

（最新版）

本丛书编委会◎编

吕 宁　王 玮◎编著

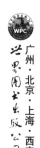

广州·北京·上海·西安
世界图书出版公司

科学早已渗入我们的日常生活，并无时无刻不在影响和改变着我们的生活。无论是仰望星空、俯视大地，还是近观我们周遭咫尺器物，处处都可以发现科学原理蕴于其中。

图书在版编目（CIP）数据

不可不知的科学名著／《无处不在的科学丛书》编
委会编著．—广州：广东世界图书出版公司，2009.12（2024.2 重印）
（无处不在的科学丛书）

ISBN 978－7－5100－1450－5

Ⅰ．①不… Ⅱ．①无… Ⅲ．①科学知识－著作－简介
－世界 Ⅳ．①Z835

中国版本图书馆 CIP 数据核字（2009）第 216957 号

书　　　名	不可不知的科学名著
	BU KE BU ZHI DE KE XUE MING ZHU
编　　　者	《无处不在的科学丛书》编委会
责任编辑	陶　莎　张梦婕
装帧设计	三棵树设计工作组
出版发行	世界图书出版有限公司　世界图书出版广东有限公司
地　　　址	广州市海珠区新港西路大江冲 25 号
邮　　　编	510300
电　　　话	020-84452179
网　　　址	http://www.gdst.com.cn
邮　　　箱	wpc_gdst@163.com
经　　　销	新华书店
印　　　刷	唐山富达印务有限公司
开　　　本	787mm×1092mm　1/16
印　　　张	13
字　　　数	160 千字
版　　　次	2009 年 12 月第 1 版　2024 年 2 月第 8 次印刷
国际书号	ISBN　978-7-5100-1450-5
定　　　价	49.80 元

"光辉书房新知文库"

总策划/总主编:石　恢

副总主编:王利群　方　圆

本书作者

郭拓荒　贾　娟　原英群

序：生活处处有科学

提起"科学"，不少人可能会认为它是科学家的专利，普通人只能"可望而不可及"。其实。科学并不高深莫测，科学早已渗入到我们的日常生活，并无时无刻不在影响和改变着我们的生活。无论是仰望星空、俯视脚下的大地，还是近观我们周遭咫尺器物，都处处可以发现有科学之原理蕴于其中。即使是一些司空见惯的现象，其中也往往蕴含深奥的科学知识。

科学史上的许多大发明大发现，也都是从微不足道的小现象中深发而来：牛顿从苹果落地撩起万有引力的神秘面纱；魏格纳从墙上地图揭示海陆分布的形成；阿基米德从洗澡时溢水现象中获得了研究浮力与密度问题的启发；瓦特从烧开水的水壶冒出的白雾中获得了改进蒸汽机性能的想象；而大名鼎鼎的科学家伽利略从观察吊灯的晃动，从而发现了钟摆的等时性……

所以说，科学就在你我身边。一位哲人曾说："我们身边并不是缺少创新的事物，而是缺少发现可创新的眼睛"。只要我们具备了一双"慧眼"，就会发现在我们的生活中科学真是无处不在。

然而，在课堂上，在书本上，科学不时被一大堆公式和符号所掩盖，难免让人觉得枯燥和乏味，科学的光芒被掩盖，有趣的科学失去了它应有的魅力。

常言道，兴趣是最好的老师，只有培养起同学们从小的科学兴趣，才能激发他们探索未知科学世界的热忱和勇气。拨开科学光芒下的迷雾，让同学们了解身边的科学，爱上科学，我们特为此精心编写了这套"无处不在的科学"丛书。

该丛书共包括11个分册，它们分别是：《生活中的科学》《游戏中的科学》《成语中的科学》《故事中的科学》《魔术中的原理》《无处不在的数学》《无处不在的物理》《无处不在的化学》《不可不知的科学名著》《不可不知的科普名著》《不可不知的科幻名著》等。

在编写时，我们尽量从生活中的现象出发，通过科学的阐述，又回归于日常生活。从白炽灯、自行车、电话这些平常的事情写起，从身边非常熟悉的东西展开视角，让同学们充分认识：生活处处皆学问，现代生活处处有科技。

今天，人类已经进入了新的知识经济时代，青少年朋友是21世纪的栋梁，是国家的未来，民族的希望，学好科学是时代赋予他们的神圣使命。我们希望这套丛书能够激发同学们学习科学的兴趣，打消他们对科学隔阂疏离的态度，树立起正确的科学观，为学好科学，用好科学打下坚实的基础！

本丛书编委会

CONTENTS

目录

引　言

　　社会发展到今天，新技术不断蓬勃发展，知识更新的速度前所未有，新发表的科学论文、新出版的科学著作层出不穷、应接不暇。这些为我们的学习和生活带来前所未有的便捷和自由，但是有时我们也会为此困惑不已：面对扑面而来的如此纷繁复杂的信息，我们无论怎么努力都不可能，同时也没必要——把它们细细研读。回首岁月，有书籍记载的人类文明已达3000余年，既有战火与灾难的考验，更有时间无情的消磨，大部分书籍资料只是昙花一现，永远退出人们的记忆。与此同时，总还是有那么一些著作，不但没有被人们所忘记，反而因为时间的流逝更加凸显其思想的可贵与超前，正是因为这些著作的诞生，我们接受了一些全新的知识，开始了一种全新的生活；也正是因为它们，我们整个社会发生了质的变化，于是我们将它们尊称为名著。

　　在人类漫长的历史长河中，一部又一部伟大的科学名著，曾经深刻地影响了人类对茫茫宇宙和缤纷自然的看法，极大地推动了历史的进程，校准人类社会前行的航向；也曾经深深激励了一代又一代的先哲圣贤热爱科学、刻苦钻研，追求理想，探索未来。那些伟大科学名著所包含的深邃思想、精妙的设计以及优美的语言为我们的先人们追求真理、开启智慧提供了不竭的动力和无尽的源泉，正是这些先哲用他们新鲜的思考和锲而不舍的钻研牵引着人类从猿猴一步步走到今天。那些伟大的名著犹如一条潺潺清泉穿越岁月的尘埃，滋润着人类灵魂的心田。面对这些穿越时空的思想，我们总是怀着庄严的谦卑和深深的敬意。所以当我们试图从中遴选一些出来作为本书的素材时，才发现是一件极其痛苦和极不自信的工作。首先是选与不选的抉择，一本书的容量毕竟有限，然而每一次选择和舍弃都是那么难以抉择；其次就是当我们选定一部著作时，面对的是一部穿越时空历经劫难依然为人们所熟知的伟大科学名著，而我们准备介绍它的语言总是那么有限，所以但愿我们的粗浅介绍只是引玉之砖，期待通过本书，可以引起读者对于科学名著的真正兴趣和独特的自我感受。

第一章　古代科学名著

《墨经》

作者简介

　　墨子（前 468～前 376），姓墨名翟。相传原为宋国人，后长期住在鲁国；一说即鲁国（今山东省滕州）人。墨子是我国战国时期著名的思想家、教育家、军事家、墨家学派的创始人。他创立了墨家学说，并有《墨子》一书传世。据传说墨子曾学习儒术，因不满儒家"礼"之烦琐，所以另立新说，聚众讲学，成为儒家的主要反对派。据记载，楚王曾计划攻宋，墨子前往劝说楚王，并在与公输般的模拟攻防中取得胜利，楚王只得退兵。墨子的思想与主张的主要内容有兼爱、非攻、尚贤、尚同、节用、节葬、非乐、天志、明鬼、非命等十项，以兼爱为核心，他认为"官无常贵，民无终贱"，其中很多观点具有朴素唯物主义思想。

　　墨子的事迹，在《荀子》、《韩非子》、《庄子》、《吕氏春秋》、《淮南子》等书中有

墨子

Wuchubuzai De Kexue Congshu

所体现，他的思想主要保存在墨家弟子所编写的《墨子》一书中。在墨子的著作中有一部分学说涉及自然科学，如力学、光学、声学等。小孔成像原理还是墨子最早发现的。

《墨子》成书于公元前400多年，《墨经》是其中的一部分，是对《经上》、《经下》、《经说上》、《经说下》四篇的合称，共180条左右。

《墨经》里逻辑学方面的内容所占的比例最大，自然科学方面次之；其中属于几何学的10余条，专论物理方面的约20余条，此外还有伦理、心理、政法、经济、建筑等方面的条文。

1941年我国科学家钱临照①对《墨经》里关于光、力学诸条作了科学的阐发，此后以科学方法研究它的人逐渐多了起来。在力学方面，《墨经》记载了时空观念和机械运动。《经上》分别用"弥异时"与"弥

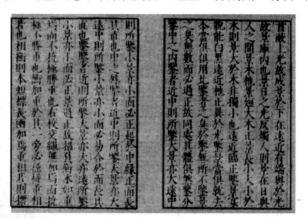

《墨经》内文书影

异所"来定义时间和空间，即综合具体的"时"与"所"，形成"时间久"与"空间宇"的观念。《墨经》认为"运动"（"动"）就是物体位置

的迁移，"静止"（"止"）就是物体在某处停留有一定的时间。

《墨经》把"力"定义为"形之所以奋"，意即力是物体（"形"）运动（"奋"）的原因；也有人解释此条中的力为体力，意即只有凭借体力人体（"形"）始能有所动作（"奋"）。《经说》指出物体的重量也是力，物体之所以能下落，或被上举，都有重力的表现。另一条还指出，物体在只有重力作用下，下落必取竖直。对于力的平衡现象，《墨经》以头发悬物为例，分析了材料是否断裂决定于材料的内力和外力是否平衡。对于物体的浮沉和圆球的平衡，也作了规律性的说明。关于杠杆，《墨经》记述了等臂和不等臂两种情况的实验。墨家还研究过两端重量固定，变动两臂的长短使杠杆偏转，或者进行过横梁负重而弯曲的实验。此外，还论述了轮轴、斜面等简单机械。在这些记载中，多能作出理性的概括。

《经下》中有相互联系的8条论述了几何光学。第1条讨论成影原因是光照不及所致；第2条指出在两个光源之下，物体能有两个影；第3条记录了"小孔成像"的实验，说明所成像为倒像，用箭的行进作形象的比喻说明光的直线传播，还认识到光线是从物体射入人的眼睛才引起视觉；第4条记述了日光经反射后照到人体，所以投在地面的人影一定产生在日与人之间；第5条讨论了直立木杆在光照之下投在地面的影子的长度大小的变化规律；第6条讨论了平面镜成像的规律；第7条记载了凹面镜成像的情况；第8条记载了凸面镜成像的规律。总体来看，这8条论述既有影的成因，又述及光和影的关系，同时以针孔成像论证光的直线传播，说明了光的反射，讨论了光、物、影三者的关系，平面镜、凹面镜、凸面镜的成像规律，基本上构成了几何光学的理论基础。这些理论堪称为2000多年前世界上最早的系统的几何光学论述。

【注释】

①钱临照（1906～1999），中国当代著名物理学家和科学史学家，在晶体范性形变理论、电子显微镜学和自然科学史等方面作出了开创性的贡献。钱教授第一次对《墨经》光学成果作了系统的发掘和整理，著有《先秦时代中国物理学的成就》等论文50余篇。

《墨经》的内容涉及自然科学、几何学、物理学、心理学、经济学、建筑学等多方面的科学内容。书中较为详细地论述了运动、时间、空间三者之间的密切联系，认定力是物体运动的原因；在几何光学领域的研究，基本奠定了几何光学的理论基础；另外《墨经》的物理或几何知识多源于墨家成员的手工业实践经验，因此对我国后世的手工业发展也产生了积极影响。

《墨经》是中国古代最早的一部科学专著，在科学史上具有重要的地位。如果说学派和专著的出现是科学诞生的标志，那么墨子无疑是中国古代科学的先驱，而《墨经》则理所当然地成为中国古代科学的第一个里程碑。

故所得而后成也。止以久也。体，分于兼也。必，不已也。知，材也。平，同高也。虑，求也。同长以正相尽也。知，接也。中，同长也。智，明也。仁，体爱也。日中，正南也。义，兼利也。直，参也。礼，敬也。环，一中同长也。行，为也。方，柱隅四讙也。实，荣也。

倍，为二也。忠，以为利而强低也。端，体之无序而最前者也。孝，利亲也。有间，中也。信，言合于意也。间，不及旁也。

——节选自《墨子·经上》

止，类以行人。说在同。所存与者，于存与孰存？驷异说。推类之难。说在之大小。五行毋常胜。说在宜。物尽同名：二与斗，爱，食与招，白与视，丽与，夫与屦。一，偏弃之，谓而固是也。说在因。不可偏去而二。说在见与俱、一与二、广与修。无"欲、恶之为益、损"也。说在宜。不能而不害。说在害。损而不害。说在余。异类不吡。说在量。知而不以五路。说在久。偏去莫加少。说在故。必热。说在顿。假，必悖。说在不然。知其所以不知。说在以名取。物之所以然，与所以知之，与所以使人知之，不必同。说在病。无，不必待有。说在所谓。疑。说在逢、循、遇、过。攫，虑不疑。说在有、无。合与一，或复否。说在拒。且然，不可正，而不用害工。说在宜欧。物，一体也。说在俱一、惟是。均之，绝、不。说在所均。字，或徙。说在长宇、久。尧之义也，生于今而处于古，而异时。说在所义。

——节选自《墨子·经下》

《甘石星经》

作者简介

甘德，又称甘公，战国时期的齐国（一说是楚国或鲁国）人；生卒年不详，大约生活于公元前4世纪中期。他著有《天文星占》8卷、《岁星

甘德

Wuchubuzai De Kexue Congshu

经》等。这些著作的内容多已失传，仅有部分文字为《唐开元占经》等典籍引录，从中可以窥知他在恒星区划命名、行星观测与研究等方面做出过贡献。

石申，又称石申夫或石申父，战国时期的魏国人。他不但编制了世界上最古老的星表，而且在四分历、岁星纪年、行星运动、天象观测和中国古代的占星理论等方面，都作出了重要的贡献。他对于中国古代天文学从知识的积累和定性研究进入系统定量的科学探讨起了决定性的作用。

石申

甘德和石申都是我国古代著名的天文学家。甘德写有《天文星占》8卷，石申写有《天文》8卷，后人把这两部著作合为一部，称《甘石星经》。

内容精要

《甘石星经》记录了800个恒星的名字，并划分其星官，其中121个恒星的位置已经测定。书里还记录了木、火、土、金、水等五大行星的运行情况，发现了它们的出没规律。甘德推算出木星的回合周期为400天整，比准确数值398.88天差1.12天；还认识到木星运动有快有慢，经常偏离黄道南北，这些都代表了战国时代木星研究的先进水平。甘德推算出水星的回合周期是136日，比实际数值115日误差了21日，这个误差虽大，但甘氏已初步认识了水星运动的状态和见伏行程的四个阶段，说明甘氏已基本掌握了水星的运行规律。甘德还首先发现了火星的逆行现象，推算出火星行度周期为410度780日，接近于实际日期。

书中提及日食、月食是天体相互掩食的现象，并且有哈雷彗星的最早记载。关于哈雷彗星的记载尤其详尽，完整记录了从公元前240年至公元1910年，哈雷彗星共29次出现的天文现象。这种持续、完整的天象记录，在世界天文史上是独一无二的。

石申及其门徒经过勤奋观测，对天文现象做出了一系列的新发现。《甘石星经》里面提到了黄赤交角数据的测定，并测制了世界上最早的星表，第一次建立起完整的坐标概念，发现行星有逆行，以及最早的关于日冕、太阳黑子的记录。

战国时期成书的《甘石星经》是我国、也是世界上最早的一部天文学著作，可惜它在宋代以后失传了，今天只能从唐代的天文学书籍《开元占经》里见到它的一些片断摘录；其中关于恒星的记载，是我国、也是世界上最早的恒星表，比古希腊天文学家喜恰帕斯①测编的欧洲第一个恒星表大约早200年。

甘德还用肉眼发现了木星的卫星，比意大利天文学家伽利略在1609年用天文望远镜发现该星早2000多年。石申则发现日食、月食是天体相互掩盖的现象，这在当时也是难能可贵的。为了纪念石申，月球上有一座环形山就是用他的名字命名的。

后世许多天文学家在测量日、月、行星的位置和运动时，都要用到《甘石星经》中的数据。因此，《甘石星经》在我国和世界天文学史上都占有重要地位。

【注释】

①喜恰帕斯，有时译作伊巴谷，古希腊著名天文学家。他大约生活在公元前2世纪，一生中观察并记录了1000颗星星，创立了测量三角

形的科学——三角学。在总结前人研究的基础上，喜恰帕斯创立了自己的经纬网体系，使地图的绘制向前迈进了一大步。

○四辅

四辅四星，抱北极枢星，主君臣礼仪，主政万机，辅弼佐理万邦之象，辅佐北辰而出入授政也。

○六甲

六甲六星，在华盖之下，扛星之旁。主分阴阳而配于节候出入，故在帝座旁，所布政教而授农时也。

○钩陈

钩陈六星，在五帝下，为后宫大帝正妃。又主天子六军将军，又主三公。若星暗，人主凶恶之象矣。

○天皇

天皇大帝一星，在钩陈中央也，不记数，皆是一星。在五帝前，坐万神、辅录图也。其神曰：耀魄宝，主御群灵也。

○柱下

柱下史，在北辰东，主左右史，记过事也。

○尚书

五尚书，在东南维，主纳言夙夜咨谋事也。

○内厨

内厨二星，在西北角，主六宫饮食、后妃第宴，饮厨府也。

○天床

天床六星，在宫门外、听政之前，亦主寝宴会宴息床。星倾，天子不安，失位也。诀曰："火入紫微宫中，天下大乱，帝王失位。"

○北斗

北斗星谓之七政，天之诸侯，亦为帝车。魁四星为璇玑，杓三星为玉衡，齐七政。斗为人君，号令之主，出号施令，布政天中，临制四方。第一名天枢，为土星，主阳德，亦曰政星也，是太子像。星暗若经七日，则大灾。第二名璇，主金，刑阴，女主之位，主月及法。若星暗经六日，则月食。第三名玑，主木，及祸，亦名令星。若天子不爱百姓，则暗也。第四名权，主火，为伐，为天理伐也。无道，天子施令不依四时，则暗。第五名衡，主水，为煞，助四时，旁煞有罪。天子乐淫，则暗。第六名开阳，主木及天下仓库五谷。第七名瑶光，主金，亦为应星。诀曰："王有德至天，则斗齐明，国昌。总暗，则国有灾起也。右斗中子星少则人多淫乱，法令不行。木星守，贵人繁，天下乱也。火星守，兵起，人主灾，人不聊生，弃宅走奔诸邑。守斗西，大饥，人相食。守斗南，五果不成。五星入斗，中国易政，又易主，大乱也。彗孛入斗中，天下改主，有大戮。先举兵者咎，后举兵者昌。其国主大灾甚于彗之祸。右旁守之咎重，细审之所守。枢入张一度，去北辰十八度也。衡去极十五度，去辰十一度。"

○华盖

华盖十六星，星在五帝座上。正，吉，帝道昌。星倾邪，大凶。杠九星，为华盖之柄也。上七星为庶子之官，若星明，主匡天下。不明，主乱期八年，国无主也。

○五帝座

五帝内座，在华盖下，覆帝座也。五帝同座也。正色上吉，色变为灾凶也。

○御女

御女四星，在钩陈北，主天子八十一御女妃也，后之官。明吉，暗凶也。

○天柱

天柱五星，在紫微宫内，近东垣，主建教等二十四气也。

○女史

女史一星，在天柱下史北，掌记禁中传漏动静，主时要事也。

○阴德

阴德二星，以太阴在尚书西，主天下纲纪、阴德惠遗、周给赈财之事。

○大理

大理二星，在宫门内，主刑狱事也。自北极已下五十星，并在紫微宫内外。占曰："彗孛入中宫，有异姓王。火星入守北极，臣丁煞君。木星入守北极，国有大衰。若分守久，有逆臣反乱。土星犯乘之，大人当之，太子有罪。五星聚在中宫，改立帝王。五星及客犯守钩陈者，大臣凶。所守犯之座，皆受其殃咎也。"

——节选自《甘石星经·卷上》

《物理学》

作者简介

亚里士多德（前384～前322），古希腊著名的思想家、哲学家、科学家。他17岁那年前往雅典，成为古希腊著名哲学家柏拉图（前427～前347）的大弟子，从事学习和研究长达20年之久。亚里士多德好学多问，才华横溢，柏拉图常常夸他是"学院之灵"。面对真理，亚里士多德非常勇敢，坚决地批评老师的错误和缺点。亚里士多德的"吾爱吾师，吾更爱真理"成为流传至今的千古名言。

亚里士多德

亚里士多德一生勤奋治学，从事的学术研究涉及逻辑学、修辞学、物理学、生物学、教育学、心理学、政治学、经济学、美学等领域，写下了大量的著作。他的著作是古代的百科全书，主要有《工具论》、《形而上学》、《物理学》、《动物志》、《气象学》、《伦理学》、《政治学》、《诗学》等。他的思想对人类产生了深远的影响。他创立了形式逻辑学，丰富和发展了哲学的各个分支学科，是现代西方科学的最主要奠基者之一，对自然科学的独立发展作出了巨大的贡献。

内容精要

《物理学》是亚里士多德的一部关于自然哲学的著作。本书以运动变化的、物质的自然事物作为研究对象，论述了自然界的普遍原理和运动发展的规律。全书各卷之前可能是一些独立的专题论著或讲稿，后来由他的弟子编纂而成。全书共分8卷。前两卷评述以往自然哲学家在自然万物本原问题上的各种不同主张，并提出"四因"说。第3～7卷探讨了自然物体的运动及与此相关的空间、时间、无限、有限等概念，最后一卷提出自然万物运动的最终原因，即第一推动者。

《物理学》提出了比较系统的运动的理论，认为运动是事物从潜能变为现实；运动与物体不可分；运动是永恒的，既无开端，也无终结；一切运动都以一定的空间位置和时间为前提，运动和空间、时间是不可分割的。

亚里士多德认为宇宙是一个球体，其中地球就固定在这个球体的中心。他相信宇宙的大小是有限的，因为如果宇宙无限它就不会有中心。另外，他相信那些闪闪发光的星体都是沿圆形轨道运动的，若用同心圆球的机械论观点来解释就可以进一步说明人们所观察到的一些天体现象。亚里士多德根据他的运动定律得出结论说，那个最外层的球体——恒星天——即是"第一推动者"，而在它后面驱动整个天体运动的则是一个"不动的推动者"。正是在这里，我们可以看出，亚里士多德从物理学领域进入到了形而上学的领域，并将神引入到了科学中，结果物理的原因就变成了超物理的原因。

影响和评价

亚里士多德是物理学这一学科名称最早的提出者，所以他的著作《物理学》在科学史上影响巨大，然而其中的内容却存在严重的局限性。

亚里士多德这些看起来完全错误的观点在历史上曾被奉为经典，尤其在中世纪被宗教利用，让他的学说成为不可挑战的权威学说。意大利科学家伽利略从比萨斜塔上掷下两个不同重量的圆球，证明了亚里士多德关于自由落体运动学说的错误，这距离亚里士多德时期已经过去了1900多年。而真正以完整的近代力学体系完全代替亚里士多德的学说是17世纪的英国物理学家牛顿完成的。

亚里士多德的《物理学》的内容确实与今天的认识相去甚远，但是他所涉及的问题本身以及研究方法使其成为公认的物理学开山之作。

因为一切感觉物体在本性上都处于何处，它们也各有自己特定的地点，而且，各物的整体和部分的地点是同一的，例如，整个大地与一块土、火与一星火的地点同一。所以，假如无限的感觉事物是同类的，那么，它就或者会不能运动，或者总是运动。但这都不可能。因为，为什么更要朝下而不是向上或往其他什么方向呢？我的意思是，假如以一块土为例，那么，它会在何处运动，或在何处静止呢？因为根据假定，与它同类的物体的地点是无限的。那么，它是否会占有整个地点呢？又如何占有呢？它的静止和运动到底是什么？或者，到底在何处进行？要么它就会在一切地方都静止（因此就不会运动），要么它就会在一切地方都运动（因此就不会静止）。但是，如若宇宙万物不是同类的，那么，各物的特有地点也就不同；而且首先，除了通过接触外，宇宙的物体就不会是统一体；其次，各部分物体在属上就或者是有限的，或者是无限的。但是，它们的属不会是有限的；因为假如宇宙是无限的，要么，其中的一些就会是无限的，另一些则不是无限的，例如火或水，但这样一来，就像前面所说过的，无限的那种元素就会消灭与它相反的那些东西了。（正是由于这个道理，自然哲学家们都不把火或土，而是把水或气或它们的中间物当作无限的统一体，因为火或土的地点显然是确定的，而水或气朝上或向下运动都可以。）但是，如果各个部分是为数无限的和单一的，那么，它们的地点和元素也就会是为数无限的。如果不能够这样，地点是有限的，整体也就必然会是有限的；因为地点和物体不能不相互对应。整个地点不可能会比物体占有的地点更大（所以，物体就不会是无限的），物体也不会比地点更大。因为不然的话，就会或者有

15

某个空的地点存在，或者有其本性不占据任何地点的物体了。

——节选自《物理学》

《黄帝内经》

《黄帝内经》是我国第一部冠以中华民族先祖"黄帝"之名的传世巨著，是传统医学最著名的经典著作之一，也是我国现存成书最早的一部医学典籍。该书又名《内经》，成书于公元前300年前后。它不是一次性成书，也不是一个人写的，是在相当长的时间里不断积累完善、修订补充最后成书的。一般认为其主要内容是反映战国时期医学理论水平的，基本定稿时期应不晚于战国时期。当然，其中部分内容可能出于秦汉及六朝人之手。

《黄帝内经》是研究人的生理学、病理学、诊断学、治疗原则和药物学的医学巨著，在理论上系统建立了中医学上的"阴阳五行学说"、"脉象学说"、"藏象学说"、"经络学说"、"病因学说"、"病机学说"、"病症"、"诊法"、"论治"及"养生学"、"运气学"等学说，是中国古代朴素唯物主义辨证哲学思想在医学上的集中体现。

《黄帝内经》简称《内经》，原书18卷。其中9卷名为《素问》；另外9卷无书名，汉晋时被称为《九卷》或《针经》，唐以后被称为《灵枢》，不是某一两个人在某一固定时间的著作，其主要部分形成于战国至东汉时期。《素问》主要论述了自然界变化的规律、人与自然的关系等；《灵枢》的核心内容为脏腑经络学说。据《汉书·艺文志》记载，当时的医家经典共11家，流传至今天的只有《黄帝内经》一家。其中失传的包括《黄帝外经》、《扁鹊内经》、《扁鹊外经》、《白氏内经》、《白氏外经》等。

《黄帝内经》封面书影

　　《内经》的主要思想继承和发扬了《周易》的阴阳（类似矛盾论）哲学思想。《内经》认为，阴阳是天地万物的总规律，是天地万物产生、发展、壮大、衰亡的内在动力，是现象世界纷繁灿烂而又秩然有序的根源；阴阳无论在天地自然还是在人身，作用是不同的。《内经》将阴阳学说运用于医学领域，扩大了阴阳的适用范围。

　　《内经》认为，整个自然界都处于永无休止的运动之中，一切事物的发生、发展、变化和衰亡，都根基于运动，是在运动过程中产生的。而运动中有静止，静止中有运动，动静的辩证转化决定了万物的生长。运动也普遍存在于天地间的万物与人类之中。个体生命有生、长、壮、老、已的生命过程。人体的气血依昼夜十二时辰，从手太阴肺经到足厥阴肝经进行着如环无端的循环运动。疾病有着沿五脏、六经传变及"旦慧昼安，夕加夜甚"的运动规律。

　　另外，《内经》从《周易》引入了"位"这个概念，认为五运与六气各有其所处的时间位相与空间位相。如失其常位就会出现异常的气候与病变。总之，《内经》继承了《周易》系统要素各居其位的自然哲学思想，并将其发挥为运气学说中"当位则和，不当位则病"的理论，提示人们从自然界的五运六气的当位与否，人体的脉象、色象当位与否，来考察疾病的轻重和预后转归。

《内经》还注重讲求和谐平衡，认为中和是天地自然和人体的正常状态。失和，在天地就会出现生化失序；在人体就会出现疾病，所以治疗的过程又称调和；而治疗的总原则就是"谨察阴阳之所在，以平为期"，"疏其血气，令其调达，而致和平。"

《黄帝内经》的成书标志着中国古代医学由分散的经验阶段上升为系统的理论阶段。该书较为系统地总结和整理了战国以前的民间医学成就，并运用中国传统哲学的阴阳对立的观点统一起来，为战国、秦汉以及其后的中国医学发展提供了全面的理论指导。在整体观、矛盾观、经络学、脏象学、病因病机学、养生和预防医学以及诊断治疗原则等各方面，都为中医学奠定了理论基础，具有深远的影响。历代著名医家在理论和实践方面的创新和建树，大多与《黄帝内经》有着一定的渊源。

《黄帝内经》不仅在中国受到历代医家的广泛推崇，在整个东南亚以及全世界的影响也不容低估。日本、朝鲜等国都曾把《黄帝内经》列为医生必读课本，而部分内容还先后被译成英、法、德等国文字，在世界上流传。近年来一些欧美国家的针灸组织也把《黄帝内经》列为针灸师的必读参考书。

春三月，此谓发陈，天地俱生，万物以荣，夜卧早起，广步于庭，被发缓形，以使志生，生而勿杀，予而勿夺，赏而勿罚，此春气之应，

养生之道也。逆之则伤肝，夏为寒变，奉长者少。

　　夏三月，此谓蕃秀，天地气交，万物华实，夜卧早起，无厌于日，使志无怒，使华英成秀，使气得泄，若所爱在外，此夏气之应，养长之道也。逆之则伤心，秋为痎疟，奉收者少，冬至重病。

　　秋三月，此谓容平，天气以急，地气以明，早卧早起，与鸡俱兴，使志安宁，以缓秋刑，收敛神气，使秋气平，无外其志，使肺气清，此秋气之应，养收之道也。逆之则伤肺，冬为飧泄，奉藏者少。

　　冬三月，此谓闭藏，水冰地坼，无扰乎阳，早卧晚起，必待日光，使志若伏若匿，若有私意，若已有得，祛寒就温，无泄皮肤，使气亟夺，此冬气之应，养藏之道也。逆之则伤肾，春为痿厥，奉生者少。

　　天气，清净光明者也。藏德不止，故不下也。天明则日月不明，邪害空窍，阳气者闭塞，地气者冒明，云雾不精，则上应白露不下，交通不表，万物命故不施，不施则名木多死。恶气不发，风雨不节，白露不下，则菀槁不荣。贼风数至，暴雨数起，天地四时不相保，与道相失，则未央绝灭。唯圣人从之，故身无奇病，万物不失，生气不竭。逆春气，则少阳不生，肝气内变；逆夏气，则太阳不长，心气内洞；逆秋气，则太阴不收，肺气焦满；逆冬气，则少阴不藏，肾气独沉。

　　夫四时阴阳者，万物之根本也。所以圣人春夏养阳，秋冬养阴，以从其根，故与万物沉浮于生长之门。逆其根，则伐其本，坏其真矣。故阴阳四时者，万物之终始也，死生之本也。逆之则灾害生。从之则苛疾不起，是谓得道。道者，圣人行之，愚者佩之。从阴阳则生，逆之则死；从之则治，逆之则乱。反顺为逆，是谓内格。是故圣人不治已病，治未病，不治已乱，治未乱，此之谓也。夫病已成而后药之，乱已成而后治之，譬犹渴而穿井，斗而铸锥，不亦晚乎？

　　　　　　　——节选自《黄帝内经·四气调神大论篇》

《几何原本》

作者简介

　　欧几里得（约前330～约前260），古希腊最著名的数学家，他是亚历山大里亚学派的成员。

　　约公元前300年，在托勒密王的邀请下，欧几里得来到亚历山大，长期在那里工作。他是一位温良敦厚的教育家，对有志数学者总是循循善诱，但反对不肯刻苦钻研、投机取巧的作风，也反对狭隘

欧几里得

实用观点。据普罗克洛斯（约公元410～公元485）记载，托勒密王曾经问欧几里得，除了他的《几何原本》之外，还有没有其他学习几何的捷径。欧几里得回答说："在几何里，没有专为国王铺设的大道。"这句话后来成为传诵千古的学习箴言。

　　欧几里得将公元前7世纪以来希腊几何积累起来的丰富成果整理在严密的逻辑系统之中，使几何学成为一门独立的、演绎的科学。《几何原本》是为数不多的欧几里得的传世作品，他还有不少著作，可惜大都失传。

内容精要

　　《几何原本》的内容涉及初等数学的许多方面，包括代数、数论、平面几何、立体几何，甚至现代极限概念的雏形，但各部分的表述大都

是从图形出发的。全书共分为13卷。第1卷讲直线形，包括点、线、面、角的概念，重点内容有三角形全等的条件、三角形边和角的大小关系、平行线理论、三角形和多角形等积（面积相等）的条件；第2卷讲代数恒等式，如两项和的平方、黄金分割；第3卷讨论了圆与角；第4卷是圆内接和外切多边形的做法和性质；第5卷讲比例论，取材于欧多

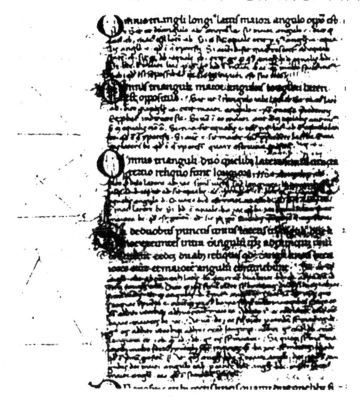

《几何原本》希腊文内文书影

克索斯的公理法，使之适用于一切可公度和不可公度的量；第6卷将比例论应用于平面图形，研究相似形；第7、8、9卷是初等数论，其中给出了辗转相除法，证明了素数有无穷多；第10卷篇幅最大，占全书的1/4，主要讨论无理量，可以看作是现代极限概念的雏形；第11卷讨论

空间的直线与平面；第 12 卷证明了圆面积的比等于直径的平方比，球体积的比等于直径的立方比，但没有给出比例常数；第 13 卷详细研究了 5 种正多面体。

《几何原本》最主要的特色是建立了比较严格的几何体系，在这个体系中有 4 个方面的主要内容：定义、公理、公设、命题（包括作图和定理）。这些定义、公理、公设是全书的基础。全书以这些定义、公理、公设为依据，有逻辑地展开他的各个部分。关于几何论证的方法，欧几里得提出了分析法、综合法和归谬法。

从欧几里得发表《几何原本》到现在，已经过去了 2000 多年，尽管科学技术日新月异，但是欧几里得几何学仍旧是学习数学最重要的基础知识。《几何原本》的诞生在几何学发展的历史中具有重要意义。它标志着几何学已成为一个有着比较严密的理论系统和科学方法的学科。

《几何原本》既是数学巨著，也是哲学巨著，并且第一次完成了人类对空间的认识。该书自问世之日起，在长达 2000 多年的时间里历经多次翻译和修订，自 1482 年第一个印刷本出版后，至今已有 1000 多种不同的版本。除了《圣经》外，没有任何其他著作，其研究、使用和传播之广泛，能够与《几何原本》相比。

汉语的最早译本是由意大利传教士利玛窦和明代科学家徐光启于 1607 年合作完成的，但他们只译出了前 6 卷。正是这个残本奠定了中国现代数学的基本术语，诸如点、直线、平面、角形、角、直角、相似、外似等。日本、印度等东方国家皆使用中国译法，沿用至今。

五条公理：

1. 等于同量的量彼此相等；

2. 等量加等量，其和相等；

3. 等量减等量，其差相等；

4. 彼此能重合的物体是全等的；

5. 整体大于部分。

五条公设：

1. 过两点能作且只能作一直线；

2. 线段（有限直线）可以无限地延长；

3. 以任一点为圆心，任意长为半径，可作一圆；

4. 凡是直角都相等；

5. 同平面内一条直线和另外两条直线相交，若在直线同侧的两个内角。[①]

——节选自《几何原本·第一卷》

【注释】

①最后一条公设就是著名的平行公设，或者叫做第五公设。它引发了几何史上最著名的长达 2000 多年的关于"平行线理论"的讨论，并最终诞生了非欧几何。

《论球和圆柱》

阿基米得（约前 287～前 212），出身于贵族家庭。他的父亲是天文学家兼数学家，学识渊博，为人谦逊。受家庭环境的影响，阿基米得从小就对数学、天文学，特别是几何学产生了浓厚的兴趣，他曾是欧几里得的学生。公元前 212 年，古罗马军队入侵叙拉古，阿基米得被野蛮的罗马士兵杀死，终年 75 岁。阿基米得的遗体葬在西西里岛，墓碑上刻着一个圆柱内切球的图形，以纪念他在几何学上的卓越贡献。

阿基米得

阿基米得在诸多科学领域都作出了突出贡献，其中以力学方面成绩最为突出，他发现了杠杆原理，并利用这一原理设计制造了许多机械。他在研究浮体的过程中发现了著名的阿基米得定律。在天文学方面，他认为地球是圆的并围绕太阳旋转，这一观点比哥白尼的"日心说"要早 1800 年。限于当时的条件，他并没有就这个问题作深入系统的研究。

阿基米得的著作很多，数学方面有《论球和圆柱》、《论劈锥曲面体与球体》、《抛物线求积》、《论螺线》等；力学方面有《论平板的平衡》、《论浮体》、《论杠杆》、《论重心》等。

《论球和圆柱》是阿基米得最为得意而且至死仍在思考的著作，其中包含了他的许多重大成就。在这部著作中，阿基米得以其近乎超人的智慧，确定了球体及有关几何体的体积和表面积，从而像在《圆的测定》中对二维图形的研究一样，解决了三维立体的问题。

本书一共分为2卷，有53个命题。第一卷开头先给出了6个定义和5个假设。如定义了底为球面的圆锥（扇形圆锥）以及由二圆锥组成的算盘珠形的立体。第1个假设是：具有两相同端点的所有（曲）线中以直线为最短。第5个假设是所谓阿基米得公理："在不相等的线、面或立体中，累加较大者与较小者的差，总可超过任给一可与之相比的量。"之后，在第1卷中共给出了44个命题，内容涉及圆柱和圆锥的表面积、球的表面积与体积以及球缺与扇形圆锥的体积。

第2卷讨论了由第1卷中的命题推出的结果（3个命题，6个问题），主要是关于球缺的内容。这些命题从证明方法到结论都在数学史上占有一定的地位。

《论球和圆柱》中的所有结果都以穷竭法进行严格证明，是古代数学严格性的典范。其中关于面积和体积的系统结果充分反映了希腊几何学的高度发展水平，对其后一切关于面积和体积方面的研究产生了深远影响。

伏尔泰对这位伟大数学家的成就给予了高度的评价："阿基米得比

荷马更富有想象力。"

命题 5

给定一圆和两个不等量，则可作出圆的外切和内接多边形，使其两多边形面积之比小于大、小两量之比。

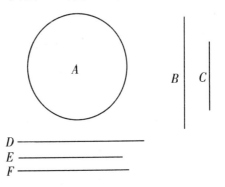

设 A 是给定的圆，B、C 是给定的量，且 $B>C$。

取两不等的线段 D、E，$D>E$，使得

$D:E<B:C$ [命题2]

设 F 是 D、E 的比例中项，于是 D 也大于 F。

作圆的外切、内接多边形（如同命题3），且使其两多边形边之比小于 $D:F$。

于是两多边形边的二次比小于 $D^2:F^2$。

但是该对应边的二次比等于多边形面积之比，因为它们是相似的。

所以圆外切多边形面积与内接多边形面积之比小于 $D^2:F^2$（或 $D:E$），且更有，小于 $B:C$。

命题 6

同样，给定两个不等量和一个扇形，则可作出相似的扇形的外切、内接多边形，使得两多边形面积之比小于大、小两量之比。

很清楚，给定一圆或一扇形，及一个确定的面积，则可作圆或扇形的内接正多边形，并使其边数不断增加，则可得圆或扇形余下的面积小于给定的面积。这是在 $[Eu-cl. XII. 2]$ 中被证明了的。

但仍需证明：给定一圆或一扇形，和一给定的面积，则可作一圆外切多边形，使得圆与外切多边形之间的图形的面积小于给定的面积。"

对于圆，证明如下 [阿基米得说，证明同样适用于扇形]。

设 A 是给定的圆，B 是给定的面积。

现在，有两个不等量 $A+B$ 和 A，如在 [命题 5] 中那样，设圆的外切多边形 (C) 和内接多边形 (I)，使得

$$C : I < (A+B) : A \qquad\qquad (1)$$

这个外切多边形 (C) 将是所求作的。

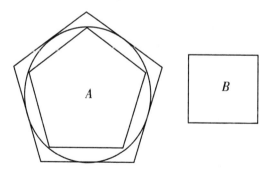

因为圆 (A) 大于内接多边形 (I).

所以由 (1)，更有

$$C : A < (A+B) : A,$$

Wuchubuzai De Kexue Congshu

因此 $\qquad C < A + B,$

或 $\qquad C - A < B.$

命题 7

如果底为正多边形的棱锥内接于一个等腰圆锥［即正圆锥］，则棱锥侧面等于一个三角形，该三角形以棱锥底面周长为底，以从顶点到底面一边的垂线为高。

因为棱锥底面的边都相等，由此可得，从顶点到所有边的垂线也都相等，该命题的证明是显然的。

命题 8

如果一个棱锥外切于一个等腰圆锥、则棱锥的侧面等于一个三角形，该三角形的底等于棱锥底面的周长，而高等于圆锥的母线。

棱锥的底是一个外切于圆锥底面的多边形，连结圆锥顶点到棱锥任一边的切点的直线垂直于该边。这些垂线是圆锥的母线，它们是相等的，于是命题得证。

命题 9

在等腰圆锥底圆上任取一弦，且分别连结圆锥顶点与弦的端点，这样构成的三角形小于从顶点所作的两线段截得圆锥的部分侧面。

设 ABC 是圆锥的底圆，O 是圆锥的顶点。

在圆上作弦 AB，连结 OA、OB。等分弧 ACB 于点 C，连结 AC，BC，OC。

那么 $\qquad \triangle OAC + \triangle OBC > \triangle OAB.$

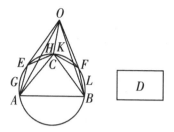

设前两个三角形之和与第三个三角形的差等于 D。

那么 D 小于或不小于两弓形 AEC、CFB 之和。

I. 设 D 不小于两弓形 AEC、CFB 之和。

现在有两个面：

（1）由圆锥部分侧面 $OAEC$ 与弓形 AEC 构成的；

（2）三角形 OAC。

因为两面有相同的端线（即三角形 OAC 的周边），那么前述的面大于被包含的后者的面。［假设 3 或 4］

因此

$$（面 OAEC）+（弓形 AEC）>\triangle OAC.$$

类似地

$$（面 OCFB）+（弓形 CFB）>\triangle OBC.$$

又因为 D 不小于两弓形之和，两式相加，就有

$$（面 OAECFB）+D>\triangle OAC+OBC$$

$$>\triangle OAB+D，由假设$$

该式两边减去 D，我们就得到了所需要的结果。

II. 设 D 小于两弓形 AEC、CFB 之和。

如果现在我们平分两弧 AC、CB，然后将各半弧再平分，如此继续分下去，直到最后剩下的所有弓形之和小于 D。　　［命题 6］

设这些弓形是 AGE，EHC，CKF，FLB，连结 OE，OF。

如前，有

$$（面\ OAGE）＋（弓形\ AGE）>\triangle OAE$$

和 $\qquad（面\ OEHC）＋（弓形\ EHC）>\triangle OEC.$

所以 $\qquad（面\ OAGHC）＋（弓形\ AGE，EHC）$

$$>\triangle OAE＋\triangle OEC.$$

$$>\triangle OAC.$$

类似地，对于由 OC，OB 和弧 CFB 所围成的圆锥的部分侧面亦有如上结果。

于是相加，就有

$$（面\ OAGEHCKFLB）＋（弓形\ AGE，EHC，CKF，FLB）$$

$$>\triangle OAC＋\triangle OBC$$

$$>\triangle OAB＋D，由假设$$

但是，这些弓形之和小于 D，于是便得出所需求的结果。

——节选自《论球和圆柱》

《论衡》

王充（27～约97），字仲任，会稽上虞（今浙江）人，东汉时期杰出的思想家。王充年少时就成了孤儿，后来到京城，到太学（最高学府）里学习，拜班彪为师。他喜欢博览群书但并不死记章句。他因为家里穷没有书，所以经常去逛洛阳

王充

集市上的书店，阅读那里所卖的各种书籍，借此机会广泛涉猎，遂通百家之言。当时的会稽郡想征聘他去做官，因为王充和上级不合而辞职离去，回到乡里教书，同时闭门思考，潜心写书。

王充博学多才，善于观察生活现象，勇于独立思考。王充最著名的著作《论衡》内容涉及非常广泛，解释了许多当时人们疑惑的问题，包含了不少对物理现象的观察，及其对于其原理的理性思考，具有较高的科学价值。

《论衡》共30卷，85篇。《招致》一篇有目无文，实存84篇。《四库全书总目提要》认为原书实百余篇，今存属残本，已非其旧。

王充在《论衡》一书里，以"元气"为基本要素，建立了较为完整的唯物主义哲学体系。他用天地表示整个宇宙万物，认为天就是自然之天"夫天者，体也，与地同"。指出天地之间充满元气，由元气产生万物，而这一产生过程是自然无为的过程。王充强调元气自然，否定"天人感应"。

《论死》、《道虚》、《辩祟》等篇章是王充批判鬼神迷信思想、宣传无神论的重要论文。王充在《论死》一篇中首先纠正了社会上所说的"人死为鬼，有知，能害人"的迷信观点，指出人死之后不能变鬼，没有知觉，不能害人。王充这样说道：从天地开辟、有人类以来，人们有的寿命终结而死去，有的中途夭亡，这些人多得可以用亿万

《论衡》书影

来计算。比较起来，当前活着的人不如死了的人多，如果（按照）人死后就会变成鬼的观点来推论的话，那么在路上岂不是每走一步就有一个鬼，鬼肯定多得满屋满院，满街满巷。王充依照人们的迷信说法，进行了假设推理，从而论证了这种观点是不符合实际的错误观点，机巧而有力地驳斥了"灵魂不灭"的迷信鬼神之说。

对于精神和物质的关系，王充明确指出，物质（形体）先于精神，精神是由物质派生的，人的精神不能离开形体单独存在。他否定灵魂不灭的传说，否定人死之后成为鬼的观念，认为人和万物都是由元气构成的。指出人作为万物之灵的物质本原性，指出人与物之所以不同，在于人是有精神智慧的。他还认为，精神依附于人的生理结构，人死生理结构遭到破坏，精神也就散失了。

《论衡》内文书影

《论衡》以唯物主义的自然观，批判了当时盛行的谶纬迷信思想和天地万物由神主宰的谬论，书写了两汉哲学史上朴素唯物主义的篇章。

王充的思想及观点，虽然没有彻底地摆脱天人感应的神秘主义思想的影响，但的确有了很高的反神学的觉悟，具备了唯物主义的斗争精神。魏晋时期的哲学家杨泉、南朝时的思想家何承天和无神论者范缜、唐朝的刘禹锡和柳宗元、明清时期的思想家王夫之等后世的唯物主义者、无神论者都不同程度地受到了王充思想及观点的影响。

《论衡》可以说是我国古代的一部"百科式全书",经学、哲学、科学、美学、逻辑学、教育学、文学、史学,无所不包。英国科学史专家李约瑟认为它是"非常重要的科学著作",并大量抄录、引用《论衡》原文。现代研究各门学科的发展史,一般都要提到《论衡》。

王充否定鬼神存在,进而否定君权神授,倡导观察自然、解释自然的唯物主义科学精神,与西方文艺复兴时期的科学人文精神比较接近,但是比文艺复兴要早将近 1500 年。

天地合气,万物自生,犹夫妇合气,子自生矣。万物之生,含血之类,知讥知寒。见五谷可食,取而食之;见丝麻可衣,取而衣之。或说以为天生五谷以食人,生丝麻以衣人。此谓天为人作农夫、桑女之徒也。不合自然,故其义疑,未可从也。试依道家论之。

天者,普施气万物之中,谷愈饥而丝麻救寒,故人食谷、衣丝麻也。夫天之不故生五谷丝麻以衣食人,由其有灾变不欲以谴告人也。物自生而人衣食之,气自变而人畏惧之。以若说论之,厌于人心矣。如天瑞为故,自然焉在?无为何居?

何以天之自然也?以天无口目也。案有为者,口目之类也。口欲食而目欲视,有嗜欲于内,发之于外,口目求之,得以为利,欲之为也。今无口目之欲,于物无所求索,夫何为乎?何以知天无口目也?以地知之。地以土为体,土本无口目。天地,夫妇也,地体无口目,亦知天无口目也。使天体乎?宜与地同。使天气乎?气若云烟,云烟之属,安得口目?

曰:"凡动行之类,皆本无有为。有欲故动,动则有为。今天动行与人相似，安得无为？"曰：天之动行也，施气也，体动气乃出，物乃生矣。由人动气也，体动气乃出，子亦生也。夫人之施气也，非欲以生子，气施而子自生矣。天动不欲以生物，而物自生，此则自然也；施气不欲为物，而物自为，此则无为也。谓天自然无为者何？气也。恬淡无欲，无为无事者也，老聃得以寿矣。老聃禀之于天，使天无此气，老聃安所禀受此性？师无其说而弟子独言者，未之有也。

——节选自《论衡·自然篇》

《天文学大成》

作者简介

托勒密（约90~168），古希腊地理学家、天文学家、数学家，长期进行天文观测，一生著述甚多。托勒密在天文学、光学和音乐方面也颇有造诣。除了《天文学大成》外，托勒密另一重要著作《地理学指南》主要论述地球的形状、大小、经纬度的测定，以及地图的投影方法，是古希腊有关数理地理知识的总结。书中附有27幅世界地图和26幅区域图，后人称之为托勒密地图。

在托勒密时代，地理学家已经把喜恰帕斯画的南北走向的线叫做经线，把与赤道平行的线叫做纬线。同喜恰帕斯一样，托勒密也把地球分成360度。他还将每一度分成60分，每一分分成60秒。他发展了弦的体系，通过将其展现在平面上，让人

托勒密

们对分和秒有更加直观的概念。托勒密的这一体系使地图绘制者能够精确地确定物体在地球上的位置，并沿用至今。

托勒密对于地图绘制具有开创性贡献，他认为将球状的地球表面画到一张扁平的地图上意味着许多误差和扭曲，因此他创立了将球体图形投射到平面上的技术。

《天文学大成》是一部囊括了古代全部数理天文学的著作，是集托勒密之前的古代天文学知识之大成。他利用希腊天文学家们特别是喜帕恰斯的大量观测与研究成果，把各种用偏心圆或小轮体系解释天体运动的地心学说给以系统化的论证，后世遂把这种地心体系冠以他的名字，称为"托勒密地心体系"。

《天文学大成》全书共 13 卷。第 1 卷概述了托勒密体系；第 2 卷记载了现存最古老的三角学：一个列有间隔半度、精度为五位数的弦值表以及有关解球面三角形的方法；第 3 卷论述了太阳运动和年的长度；第 4 卷讨论了月球和月份；第 5 卷除继续论第 4 卷的问题外，还论述了太阳和月球的距离并介绍如何制作星盘；第 6 卷论述了日、月食和行星的冲、合；第 7、8 两卷主要讨论了恒星，按喜帕恰斯星表列出 1022 颗恒星的黄道坐标和星等，还提及岁差和天球仪的制作。其余 5 卷详论第 1 卷概述的托勒密体系。

托勒密从第一原理出发，通过必要的宇宙论和天文学工具，表述了古代所知道的一些天体的运动理论，并解释了与它们相关的各种现象；最后制作了一些表，使人们能够确定它们在指定日期的运动或现象。

《天文学大成》中最主要的内容是论述了他所创立的"地心说"。他认为地球是世界的中心，而且永远是静止不动的，日、月、行星和恒星均围绕地球作圆周匀速运动。

《天文学大成》基本上将三角术定了型，并于此后1000多年间保持不变，虽然托勒密在此书中讲的三角术主要是球面三角，但该著作实际上也奠定了平面三角的理论基础。因而该书不仅在天文学史，而且在数学史上也具有重要的意义。该书于8世纪末传入阿拉伯国家。

托勒密是世界上第一个系统研究日月星辰的构成和运动方式并作出系统解释的科学家。此书曾被尊为天文学的标准著作，直到16世纪哥白尼的"日心说"发表，"地心说"才被推翻。由于"地心说"在中世纪时期被教会利用，成为禁锢人们思想的工具，这其实与托勒密没有任何关系，他在2000多年前对于天文学方面的开创性探索在科学上意义重大。

现在把问题从地球的形状转移到地球的位置上。观测到的事实只有假定地球位于诸天的中心（如同位于球的中心一样）才能得到解释。如果地球不位于诸天的中心，那么它或者与两极等距但不在轴上；或是在轴上但与两极不等距；或者既不在轴上又与两极不等距。

首先来证明第一个假定是不正确的。如果假定地球不位于轴上，就地球的某些部分而言，地球或者位于轴上或者位于轴下。这些部分，在直立球的情况下，由于地平面将天空分成两个不等的部分，因此永远不会有昼夜平分的时候。就地球的其他部分而言，天空是倾斜的。由于地平面没有把天赤道（绕及旋转的最大平行圈）平分成两半，而是地平面之上或者地平面之下的一条平行圈将天赤道平分成两半，因此，或者没有春分点，或者春分点不在冬至点和夏至点的中间。然而，尽人皆知，从春分到夏至白昼时间最长的那一天，与从冬至白昼最短的那一天到春分的时间间隔是相等的。此外，由于假定地球不在轴上，致使地球的某些部分偏东或偏西，结果对这些部分而言恒星的大小和角距在东西地平线上既不相等也不相同。而且，从恒星出现到中天的时间与从中天到沉没的时间也不一样。显然，这些与日常所见的现象相反。

再看第二个假设，即地球位于轴上但偏向一极。那么，在各个纬度上地平面将把天空分成两个不相等的部分，两部分的差异程度视纬度与地球偏离中心的情况而定。只有对直立球来说地平面才能平分天空。在倾斜球的情况下，地球的中心越偏向北极，地平面以上的天空部分越小，地平面以下的天空部分越大，结果还使通过黄道带中心的大圆不被地平面所平分。但事实绝非如此，十二宫中的六个宫经常出现在地平面上，其他六宫则看不见。而当后者全部出现时，前六宫却看不见，表明地平面平分黄道。

此外，如果地球不位于天赤道上而偏于南北任一级，那么，在春分或秋分日出时圭表的影子与日落时的将不在一条直线上。但所见到的情况均与此相反。由此可以立即证明第三个假定也是错误的，因为前面两个假定中的矛盾也在这里出现。

总之，如果地球不位于宇宙中心，那么所观察到的昼夜消长规律将发生混乱。此外，由于当日、月正好相反时，地球并非常常位于它们的中间，因此当日、月相冲时不会经常发生月食。

——节选自《天文学大成·第五章》

Wuchubuzai De Kexue Congshu

《九章算术》

《九章算术》是流传到现在的中国古代最早的一部数学著作，其作者已不可考，但从诸方面因素考察，估计并非一时一人之作，而是经过多人之手，历经长期修订。从《九章算术》中可供判定年代的官名、地名等来推断，现传本《九章算术》的成书年代大约是在公元1世纪的下半叶。

九章算术将书中的所有数学问题分为九大类，这也就是为什么称"九章"的原因。后世的数学家大都是从《九章算术》开始学习和研究数学，许多人曾为它作过注释，其中最著名的是刘徽。刘徽的注释《九章算术注》一直流传至今。

《九章算术》的内容十分丰富，全书采用问题集的形式，收有246个与生产、生活实践有联系的应用问题，其中每道题有问（题目）、答（答案）、术（解题的步骤，但没有证明），有的是一题一术，有的是多题一术或一题多术。这些问题依照性质和解法分别隶属于方田、粟米、衰分、少广、商功、均输、盈不足、方程及勾股九

刘徽

章等。

第一章的"方田"，也就是田亩面积计算。提出了各种多边形、圆、弓形等的面积公式；分数的通分、约分和加减乘除四则运算的完整法则。这要比欧洲早1400多年。

第二章讲的是谷物粮食的按比例折换。提出比例算法，称为今有术。

第三章介绍比例分配问题。介绍了开平方、开立方的方法，其程序与现今程序基本一致。这是世界上最早的多位数和分数开方法则。它奠定了中国在高次方程数值解法方面长期领先世界的基础。

第四章介绍开平方、开立方的方法，是现代数学高次方程解法的雏形。

第五章除给出了各种立体体积公式外，还有工程分配方法。

第六章介绍合理摊派赋税。用衰分术解决赋役的合理负担问题。今有术、衰分术及其应用方法，构成了包括今天正、反比例，比例分配，复比例，连锁比例在内的整套比例理论。西方直到15世纪末以后才形成类似的全套方法。

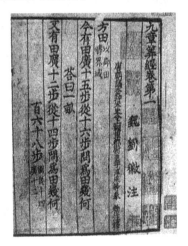

《九章算术》内文书影

第七章"盈不足"。提出了盈不足、盈适足、不足适足、两盈和两不足三种类型的盈亏问题，以及若干可以通过两次假设化为盈不足问题的一般问题的解法。这也是处于世界领先地位的成果，传到西方后，影响极大。

第八章"方程"，一次方程组问题。采用分离系数的方法表示线性方程组，相当于现在的矩阵；解线性方程组时使用的直除法，与矩阵的初等变换一致。这是世界上最早的完整的线性方程组的解法。这一章还引进并使用了负数，并提出了正负术——正负数的加减法则，与现今代数中的法则完全相同；解线性方程组时实际还施行了正负数的乘除法。这是世界数学史上的一项重大成就，第一次突破了正数的范围，扩展了数系。而直到 7 世纪印度人才认识负数的存在。

第九章"勾股"，利用勾股定理求解的各种问题。其中的绝大多数内容是与当时的社会生活密切相关的。提出了勾股数问题的通解公式：若 a、b、c 分别是勾股形的勾、股、弦，则 $a^2 + b^2 = c^2$。在西方，毕达哥拉斯、欧几里得等仅得到了这个公式的几种特殊情况，直到 3 世纪才取得相近的结果，这比《九章算术》晚约了 300 余年。

刘徽在为《九章算术》作的注释中，一方面整理归类，提纲挈领地阐明所以能解的道理；另一方面，对于原来所有不够准确的近似计算，他提出了更精确的计算方法。例如九章算术原术取用 3 为圆周率，他通过严密计算，得到圆周率的近似值，157/50 或者 3927/1250。又如开平方或开立方不尽时（平方根或立方根为无理数），原有以分数表示奇零部分的方法不甚准确，他主张继续开方，得出以十进分数表示平方根或立方根的近似值。此外，他创立了许多新的解题方法。

《九章算术》是中国古代早期最重要的数学著作。它的出现，既是先秦至汉代数学成就的一个总汇，更是古代中国数学体系确立与数学特点形成的核心标志。它确定了中国古代数学学科体系的框架，以计算为中心的特点，密切联系实际，以解决人们生产、生活中的数学问题为目的的风格，其影响深远，其后的中国数学著作或为之作注，或仿其体例成书。

唐宋两代，《九章算术》都由国家明令规定为教科书。到了北宋，《九章算术》还曾由政府进行过刊刻（1084 年），这是世界上最早的印刷本数学书。作为一部世界科学名著，《九章算术》在隋唐时期即已传入朝鲜、日本。现在，它已被译成日、俄、德、法等多种文字。

〔一〕今有句三尺，股四尺，问为弦几何？

答曰：五尺。

〔二〕今有弦五尺，句三尺，问为股几何？

答曰：四尺。

〔三〕今有股四尺，弦五尺，问为句几何？

答曰：三尺。

句股术曰：句股各自乘，并，而开方除之，即弦。

又股自乘，以减弦自乘，其余开方除之，即句。

又句自乘，以减弦自乘，其余开方除之，即股。

〔四〕今有圆材径二尺五寸，欲为方版，令厚七寸。问广几何？

答曰：二尺四寸。

术曰：令径二尺五寸自乘，以七寸自乘减之，其余开方除之，即广。

〔五〕今有木长二丈，围之三尺。葛生其下，缠木七周，上与木齐。问葛长几何？

答曰：二丈九尺。

术曰：以七周乘三尺为股，木长为句，为之求弦。弦者，葛之长。

〔六〕今有池方一丈，葭生其中央，出水一尺。引葭赴岸，适与岸齐。问水深、葭长各几何？

答曰：水深一丈二尺；葭长一丈三尺。

术曰：半池方自乘，以出水一尺自乘，减之，余，倍出水除之，即得水深。加出水数，得葭长。

〔七〕今有立木，系索其末，委地三尺。引索却行，去本八尺而索尽。问索长几何？

答曰：一丈二尺、六分尺之一。

术曰：以去本自乘，令如委数而一，所得，加委地数而半之，即索长。

〔八〕今有垣高一丈。倚木于垣，上与垣齐。引木却行一尺，其木至地。问木几何？

答曰：五丈五寸。

术曰：以垣高十尺自乘，如却行尺数而一，所得，以加却行尺数而半之，即木长数。

〔九〕今有圆材，埋在壁中，不知大小。以锯锯之，深一寸，锯道长一尺。问径几何？

答曰：材径二尺六寸。

术曰：半锯道自乘，如深寸而一，以深寸增之，即材径。

〔一〇〕今有开门去阃一尺，不合二寸。问门广几何？

答曰：一丈一寸。

术曰：以去阃一尺自乘，所得，以不合二寸半之而一，所得，增不合之半，即得门广。

——节选自《九章算术卷第九·勾股》

《水经注》

郦道元（470～527），字善长，古范阳涿县（今河北省高碑店市）人，北魏地理学家、散文家。

郦道元在做官期间，"执法清刻"，"素有严猛之称"，颇遭豪强和皇族忌恨。北魏孝昌三年（527年）被害于关中（今陕西临漳县）。

郦道元好学博闻，广览奇书，足迹所至，大至从长城以南，到秦岭、淮河以北。每到一个地方，他都要游览当地名胜古迹，留心勘察水流地势，探溯源头，并且在余暇时间阅读了大量地理方面的著作，逐渐积累了丰富的地理学知识。他

郦道元

一生对我国的自然、地理做了大量的调查、考证和研究工作，并且撰写了地理巨著——《水经注》，为我国古代的地理科学作出了重要的贡献。郦道元一生著述颇多，除《水经注》外，还有《本志》13篇以及《七聘》等著作，但是流传下来的只有《水经注》一种。

《水经注》共40卷（原书宋朝已佚5卷，今本仍作40卷，是经后人改编而成的），30多万字，是当时一部空前的地理学巨著。它名义上

Wuchubuzai De Kexue Congshu

是注释《水经》，实际上是在《水经》基础上的再创作。

《水经注》封面书影

《水经》一书写于三国时期，是一部专门研究河流水道的书籍，共记述全国主要河流 137 条。原文 1 万多字，文字相当简略，没有把水道的来龙去脉和详细情况说清楚。郦道元认为，应该在对现有地理情况考察的基础上，印证古籍，然后把经常变化的地理面貌尽量详细、准确地记载下来。在这种思想指导下，郦道元决心为《水经》作注。

郦道元在给《水经》作注过程中，十分注重实地考察和调查研究，同时还博览了大量前人著作，查看了不少精确详细的地图。据统计，郦道元写《水经注》一共参阅了 437 种书籍。经过长期艰苦的努力，郦道元终于完成了《水经注》这一大作。

《水经注》记述了 1252 条河流，以及有关的历史遗迹、人物掌故、神话传说等，比原著增加了近千条，文字增加了 20 多倍；涉及的地域范围，除了基本上以西汉王朝的疆域作为其撰写对象外，还涉及到当时不少域外地区，包括今印度、中南半岛和朝鲜半岛若干地区，覆盖面积实属空前。

《水经注》在写作体例上，以水道为纲，连带叙述流经地区的山陵、湖泊、郡县、城池、关塞、名胜、亭障，以及土壤、植被、气候、水文和社会经济、民俗风习等各方面，还记载了各地有关的历史故事。书中记录作者所见的碑刻，共 300 余块，利用它们作为帮助确定水道流经的依据。作者注意到水道源头的伏流，和故河道之下还有相当多的地下水等现象，对于水源的大小、湖泊的盈竭、水色的清浊、泥沙的堆积、洪水的涨落等水文变化，都很重视。他用发展变化的观点考察地理现象，对每条水道都追溯到可能追溯的最早时期，还记载了各地水利设施近 30 处，称颂了许多伟大工程。

本书除了丰富的地理内容外，还有许多学科方面的材料。诸如书中所记各类地名约在 2 万处上下，其中解释的地名就有 2400 多处，所记中外古塔 30 多处，宫殿 120 余处，各种陵墓 260 余处，寺院 26 处，以及不少园林等。

《水经注》是公元 6 世纪前我国第一部全面、系统的综合性地理著述，对于研究我国古代历史和地理具有重要的参考价值。不仅如此，该书对历史学、考古学、地名学、水利史学以至民族学、宗教学、艺术等方面都有一定参考价值。

这部书文字优美生动，也可以说是一部文学著作。书中流畅生动的记述文字，足以和高水平的文学作品相媲美，其中许多篇章已成为古今描写山水景物的佳作。如"江水"注里长江三峡的描述，"河水"注里壶口瀑布和砥柱急流的描写，至今仍广为传诵，脍炙人口。

《水经注》出版发行以后，对后世有重大影响。许多学者进行地理学等方面的研究，均以《水经注》为主要参考书，从中汲取知识营养。北宋大文豪欧阳修撰写的《唐书·地理志》就模仿《水经注》记载了200多位唐代有功于地方水利建设的人物。明代地理学家和旅行家徐霞客，更是继承和发展了郦道元综合描述地理环境的思想，写出了内容极其丰富的地理学名著《徐霞客游记》。许多学者从《水经注》中得到了很多益处，如清代学者刘继任曾利用《水经注》的记载解决了许多历史地理和地名问题。到乾隆、嘉庆年间更有20多名学者对《水经注》进行了系统研究，形成一门"郦学"。

　　江水又东，迳广溪峡，斯乃三峡之首也。峡中有瞿塘、黄龛二滩。其峡盖自昔禹凿以通江，郭景纯所谓巴东之峡，夏后疏凿者也。

　　江水又东，迳巫峡，杜宇所凿以通江水也。江水历峡东，迳新崩滩。其间首尾百六十里，谓之巫峡，盖因山为名也。

　　自三峡七百里中，两岸连山，略无阙处；重岩叠嶂，隐天蔽日，自非亭午夜分，不见曦月。至于夏水襄陵，沿溯阻绝，或王命急宣，有时朝发白帝，暮到江陵，其间千二百里，虽乘奔御风不以疾也。春冬之时，则素湍绿潭，回清倒影。绝𪩘多生怪柏，悬泉瀑布，飞漱其间。清荣峻茂，良多趣味。每至晴初霜旦，林寒涧肃，常有高猿长啸，属引凄异，空谷传响，哀转久绝。故渔者歌曰："巴东三峡巫峡长，猿鸣三声泪沾裳！"

　　江水又东，迳流头滩。其水并峻急奔暴，鱼鳖所不能游，行者常苦之，其歌曰："滩头白勃坚相持，倏忽沦没别无期。"袁山松曰："自蜀至此，五千余里；下水五日，上水百日也。"

江水又东，迳宜昌县北，县治江之南岸也。江水又东，迳狼尾滩，而历人滩。江水又东，迳黄牛山，下有滩名曰黄牛滩。江水又东，迳西陵峡。宜都记曰："自黄牛滩东入西陵界，至峡口百许里，山水纡曲，而两岸高山重障，非日中夜半，不见日月，绝壁或千许丈，其石彩色，形容多所像类。林木高茂，略尽冬春。猿鸣至清，山谷传响，泠泠不绝。"所谓三峡，此其一也。山松言："常闻峡中水疾，书记及口传悉以临惧相戒，曾无称有山水之美也。及余来践跻此境，既至欣然始信耳闻之不如亲见矣。其叠崿秀峰，奇构异形，固难以辞叙。林木萧森，离离蔚蔚，乃在霞气之表。仰瞩俯映，弥习弥佳，流连信宿，不觉忘返。目所履历，未尝有也。既自欣得此奇观，山水有灵，亦当惊知已于千古矣。"

——节选自《水经注·江水》

《梦溪笔谈》

　　沈括（1031～1095），字存中，钱塘（今浙江杭州）人，我国北宋时期著名的科学家，兼通天文学、物理学、化学、数学等。沈括研究并改革了浑仪、浮漏和影表等旧式的天文观测仪器，还制造了测日影的圭表，而且改进了测影方法。沈括在晚年又提出了用"十二气历"代替原来历法的主张。沈括所设计的这个历法既符合天体运行

沈括

的实际，也有利于农业活动的安排。

沈括文武双全。他攻读兵书，精心研究城防、阵法、兵器、兵车、战略战术等军事问题，编成《修城法式条约》、《边州阵法》等军事著作，把一些先进的科学技术成功地应用在军事科学上，为保卫北宋的疆土作出了重要的贡献。此外，沈括在地理学、医学方面也卓有成就。他正确论述了华北平原的形成原因，观察研究各种各样的化石，明确指出它们是古代动物和植物的遗迹，并且根据化石推论了古代的自然环境。沈括的医学著作有《良方》等。

为了纪念沈括的伟大功绩，人们将小行星 2027 命名为"沈括小行星"。

《梦溪笔谈》包括《笔谈》、《补笔谈》、《续笔谈》三部分。《笔谈》共 16 卷，分为 17 门，依次为"故事、辩证、乐律、象数、人事、官政、机智、艺文、书画、技艺、器用、神奇、异事、谬误、讥谑、杂志、药议"。《补笔谈》3 卷，包括上述内容中的 11 门。《续笔谈》有 1 卷，不分门。全书共 609 条（不同版本稍有出入），内容涉及天文、历法、气象、地质、地理、物理、化学、生物、农业、水利、建筑、医药、历史、文学、艺术、人事、军事、法律等诸多领域。在这些条目中，属于人文科学，例如人类学、考古学、语言学、音乐等方面的，约占全部条目的 18%；属于自然科学方面的，约占总数的 36%，其余的则为人事资料、军事、法律及杂闻轶事等约占全书的 46%。

沈括在《梦溪笔谈》中留下了历史上对指南针的最早记载。他在书卷二十四《杂志一》中记载："方家以磁石磨针锋，则能指南，然常偏

元刊《梦溪笔谈》封面书影

东，不全南也。"这是世界上关于地磁偏角的最早记载。西方直到公元
1492年哥伦布第一次航行美洲的时候才发现了地磁偏角，比沈括的发
现晚了400年。

在化学方面，沈括首先创造了用石油炭黑代替松木炭黑制造烟墨的
工艺。在光学方面，沈括形象生动地指出了物、孔、像三者之间的直线
关系。此外，他还运用光的直线传播原理形象地说明了月相的变化规律
和日、月食的成因。另外，他还对凹面镜成像、凹凸镜的放大和缩小作
用作了通俗生动的论述。在声学方面，沈括精心设计并实验了声学共振
实验。用这种方法显示共振是沈括的首创。在西方，直到15世纪，意
大利人才开始进行共振实验。

就性质而言，《梦溪笔谈》属于笔记类；从内容上来说，它以多于
1/3的篇幅记述并阐发了自然科学知识。沈括本人具有很高的科学素
养，他所记述的科技知识，也就具有极高价值，基本上反映了北宋的科
学发展水平和自己的研究心得。

　　《梦溪笔谈》是中国科学史的重要著作，书中所记述的许多科学成就均达到了当时世界的最高水平。英国著名科学史专家李约瑟称《梦溪笔谈》是"中国科学史上的坐标"。《梦溪笔谈·卷十八·技艺》正确而详细地记载了"布衣毕昇"发明的泥活字印刷术，这是世界上最早的关于活字印刷的可靠史料，深受国际文化史界重视。此外，北宋其他一些重大科技发明和科技人物，也因此得以传世，属珍贵科学史料。

　　值得一提的是，在《梦溪笔谈》中，有10多条有关数学的讨论，内容既广且深，堪称我国古代数学的瑰宝。书中建立了隙积术和会圆术，为中国古代数学的发展开辟了新的方向。

　　此外，《梦溪笔谈》以大量的篇幅记述了当时的政治、军事、法律、人事以及一些传闻轶事、艺文掌故等；对赋役扰民、西北与北方军事利弊及典礼礼仪和古代音乐演进，均有翔实记载。该书对于研究北宋社会、政治、科技、经济诸方面有重要的参考价值和学术价值。

　　板印书籍，唐人尚未盛为之。五代时始印五经，已后典籍皆为板本。

　　庆历中，有布衣毕升，又为活板。其法用胶泥刻字，薄如钱唇，每字为一印，火烧令坚先设一铁板，其上以松脂、蜡和纸灰之类冒之。欲印，则以一铁范置铁板上，乃密布字印，满铁范为一板，持就火炀之；药稍熔，则以一平板按其面，则字平如砥。若止印三二本，未为简易；

若印数十百千本，则极为神速。常作二铁板，一板印刷，一板已自布字，此印者才毕，则第二板已具，更互用之，瞬息可就。每一字皆有数印，如"之""也"等字，每字有二十余印，以备一板内有重复者。不用，则以纸帖之，每韵为一帖，木格贮之。有奇字素无备者，旋刻之，以草火烧，瞬息可成。不以木为之者，文理有疏密，沾水则高下不平，兼与药相粘，不可取；不若燔土，用讫再火令药熔，以手拂之，其印自落，殊不沾污。

昇死，其印为予群从所得，至今保藏。

——节选自《梦溪笔谈·卷十八》

《大著作》

罗吉尔·培根（1214～1292），英国科学家、思想家。罗吉尔·培根曾在牛津大学学习，后到巴黎留学，获得神学博士学位，1250年回国，在牛津大学任教。在巴黎期间他撰写和讲授对亚里士多德种种著作的分析，宣扬亚里士多德等古代哲学家的思想，极力反对"权威崇拜"，并且把这与习惯、偏见、自负看作是获得真知的四个障碍。他的主要著作有《大著作》、《小著作》、《第三著作》等。由于他的许多著作中的科学思想冒犯教会，曾被囚禁15年。

罗吉尔·培根是近代实验科学的先驱。他积极主张并且从事科学实验活动，认为观察和实验才是获得真知的唯一方法。他在物理学方面，特别是对于光学的研究极为深刻。他还通过实验证明了虹是太阳光照射空气中的水珠而形成的自然现象，而非上帝所造。

牛津大学自然历史博物馆中的罗吉尔·培根像

罗吉尔·培根长期在牛津大学从事科学研究，他研究的范围十分广泛，天象、闪电、炼金术、火药、显微观察等无所不包。他通过研究光在眼睛中的折射规律，发现了凸透镜对恢复人的视力有着重要作用，这项成果促进了眼镜的诞生。罗吉尔·培根的实验科学观点对自然科学的发展影响极大，从他开始，实验科学开始逐渐发展起来，并很快成为科学研究的重要方面。

罗吉尔·培根在《大著作》的第一章中论述了所有科学都需要数学。他认识到学习数学不论作为一种教育训练或作为其他科学的基础都是十分重要的。他曾经宣布数学与光学（他叫透视学）是其他一切学术的基础，这在神学占统治地位的中世纪意义非同寻常。

罗吉尔·培根认为，人类无知的错误的原因主要有四个，即对权威的过度崇拜、习惯、偏见与对知识的自负。他指出，有一种科学比其他科学都完善，要证明其他科学就需要它，那便是实验科学。实验科学胜过各种依靠论证的科学，因为无论推理如何有力，这些科学都不可能提供确定性，除非有实验证明它们的结论。只有实验科学才能决定自然可以造成什么效果、人工可以造成什么效果、欺骗可以造成什么效果。

他在《大著作》中强调，经验是知识的源泉，突出科学实验的重要性，敦促人们从哲学的文字游戏和抽象论证中摆脱出来。

罗吉尔·培根充分认识到只有实验方法才能给科学以确定性。他告诉我们："耳听到的不可信，归纳和推想出来的也不可靠。自然科学应当予以实验。"他断言，论证可以总结一个问题，但他不能使我们消除怀疑或承认其为真理，除非通过实验表明其确是真理，实验科学比其他依靠论证的科学都完善。

罗吉尔·培根在遥远的中世纪就清晰地了解只有实验方法才能给科学以确实性，这是一次对于科学发展革命性的改变。当我们详细研究其后牛顿、伽利略等伟大的科学成就时，我们会更加领会这种革命性改变的伟大意义。无怪乎后人将罗吉尔·培根称做"漫长中世纪唯一在科学上作出巨大贡献的人"。罗吉尔·培根谆谆告诫世人："证明前人说法的唯一方法只有观察与实验。"他的理论成就了另一位伟大的培根——同样为科学作出巨大贡献的350年后英国的国务大臣弗兰西斯·培根。

罗吉尔·培根提出的实验科学的思想和方法具有划时代意义，这是近、现代自然科学的真正的起点，也是对经院哲学谬误的沉重打击。实验科学一旦与数学化、形式化的严密逻辑相结合，就成了科学发展的内在力量。所以，培根的"实验科学"是现代科学的基石。

令人遗憾的是，培根的著作在当时受到谴责，大部分学者都没有读过他的书。他的最伟大的著作《大著作》是在几百年后的 1773 年才出版的。在培根后 350 年，实验和定量测试才在科学领域里显示出了其重大意义。

在掌握真理方面，现在有四种主要的障碍，它妨害每一个人，无论人们怎样学习，都无法弄清楚他所学的问题，而总是屈从于谬误甚多、毫无价值的权威，习惯的影响，流行的偏见，以及由于我们认识的骄妄虚夸而来的我们自己的潜在的无知。每一个人都被卷进这些困难之中，每一个等级都被它们困扰。再没有比人们无区别地从下述三个论据中作出的同一结论更糟糕的了，即：因为这是引证我们前辈的权威，这是习惯，这是一般的信念，所以是正确的。……人们受蔽于这四种错误的迷雾而不感觉到自己的无知，反而以各种谨慎的循辞来保存它，以致找不到补救的方法。虽然他们在错误的最浓密的阴影里，他们却以为自己是在真理的充分照耀下。

——节选自《大著作》

《马可·波罗行纪》

作者简介

　　马可·波罗（1254～1324），世界著名旅行家、商人。他出生于意大利威尼斯一个商人家庭，也是旅行世家。他的父亲尼科洛和叔叔马泰奥都是威尼斯商人。

马可·波罗

　　马可·波罗17岁时跟随父亲和叔叔，途经中东，历时4年多来到中国，在中国游历了27年。公元1292年，马可·波罗父子离开中国，走海路到达波斯。不久，意大利的两个商业大国威尼斯和热那亚为争夺海上贸易权与通道爆发了战争。马可·波罗作为威尼斯的巨商，参加了威尼斯舰队，在与热那亚人的战争中受伤被俘。在热那亚监狱中，他请同狱的作家鲁恩蒂谦用法语笔录了他20多年来在东方各国的经历和见闻，这就是著名的《马可·波罗行纪》（又称《马可·波罗游记》、《东方见闻录》）。

马可·波罗的著作，在中古时代的地理学史、亚洲历史、中西交通史和中意关系史诸方面，都有着重要的历史价值。

《马可·波罗行纪》共分4卷，第1卷记载了马可·波罗诸人东游的沿途见闻，直至上都止。第2卷记载了蒙古大汗忽必烈及其宫殿、都城、朝廷、政府、节庆、游猎等事；自大都南行至杭州、福州、泉州及东地沿岸及诸海诸洲等事。第3卷记载日本、越南、东印度、南印度、

《马可·波罗行纪》封面书影

印度洋沿岸及诸岛屿、非洲东部的基本情况。第4卷记载了成吉思汗后裔诸鞑靼宗王的战争和亚洲北部的概况。本书每卷分章，每章叙述一地的情况或一件史事，共有229章。书中记述的国家、城市的名称达100多个，而这些地方的情况，综合起来，有山川地形、物产、气候、商贾

贸易、居民、宗教信仰、风俗习惯等，甚至国家的琐闻轶事也夹见其中。

马可·波罗在中国停留的时间最长，他的足迹遍及西北、华北、西南和华东等地区，因此他在《马可·波罗行纪》中用大量的篇章，以热情洋溢的语言，记述了中国无穷无尽的财富、巨大的商业城市、极好的交通设施，以及华丽的宫殿建筑。以叙述中国为主的《马可·波罗行纪》第2卷共82章，在这卷中有很多篇幅是关于忽必烈和北京的描述。

此外，在《马可·波罗行纪》的第2卷，还对杭州有详细的记述。其中写到杭州人烟稠密，房屋达160万所，商业发达，并说杭州人对来做贸易之外人很亲切，又讲到杭州市容整齐清洁，街道都用石铺筑；人们讲究卫生，全城到处有冷热澡堂，以供沐浴之用；户口登记严密，人口统计清楚；对西湖的美丽和游览设施，书中更有详细的记述。由于他对杭州特别赞赏，所以几次来到这里游览。

《马可·波罗行纪》对亚洲其他地方也有大量篇幅的描述。马可·波罗东来中国，主要经过西亚，中亚等地，因此游记里记载有许多这些地方的见闻。在中世纪，关于亚洲的知识，以往的旅行家没有一个比得上马可·波罗记载的那样丰富。除亚洲外，马可·波罗对东非海岸和北冰洋等地也作了一些叙述，不过是根据传闻，并非亲临其地，所以许多记述往往与实际不符。但尽管这样，诸如东非海岸的桑给巴尔，马达加斯加等地，则是由马可·波罗第一次介绍给欧洲人的。

影响和评价

《马可·波罗行纪》在13世纪末年问世后，读者争相传阅，影响巨大。它开阔了中古时代欧洲人的地理视野，引起了他们对于东方的向往，也有助于欧洲人冲破中世纪的黑暗，走向近代文明。学术界的一些有识之士，更以它所提供的最新知识，来丰富自己的头脑和充实自己的著作。

这部游记对 15 世纪前后欧洲航海事业的发展也起了促进作用，当时很多航海家和探险者，如意大利航海家哥伦布等人，都从这本书中受到巨大启示，激起他们对于东方的向往和冒险远航的热情。1492 年，哥伦布远航到达了中美和南美的东北角，并认为他所到达的地方就是亚洲的海滨诸岛，以为墨西哥就是马可·波罗书中的"行在"，又把古巴岛当作日本，并登岸四处寻问有无黄金。他本来要去的地方是富庶的东方，而结果航行到了美洲，发现了新大陆，开辟了由欧洲到达美洲的新航线。

阿巴西（Abbasie）是一大州，君等应知其为中印度而属大陆。境内有六国国王，六国皆甚大，此六王中有基督教徒三人，回教徒三人，最大国王是基督教徒，余五王并隶属之。

此国之基督教徒面上并有三种记号，一自额达于鼻中，别二记在两颊。

此种记号用铁烙于面，表示其已受洗，盖彼等受水洗后立烙此记，或表示其忠顺，或表示其洗礼之完成也。此国亦有犹太教徒，两颊各有记。至若回教徒之记号，仅自额达于鼻中。

国之大王驻于国之中央，诸回教徒居近阿丹（Aden、Adel）。圣多玛斯曾在此州传教，俟其皈依后，乃赴马八儿州而殁于彼。其遗体即在彼处，前已言之也。

应知彼等是最良战士而乘马，盖国内多马也。彼等日与阿丹之算端（sultan）战，并与奴比亚（Nubie）人战，且与其他不少部落战，此诚有其必要也。兹请述一美事，事出基督降世之1288年。

此基督教国王而为阿巴西州之君主者，曾言欲赴耶路撒冷（Jerusalem）朝拜耶稣基督圣主之墓，诸男爵以道途危险，谏止之，劝其遣一主教或别一在教高级职员代往。国王从之，乃遣一持身如同圣者之主教某前往巡礼。此主教经行海陆而抵圣墓，礼之如一基督教徒之所应为，代其主呈献一极大供品。诸事既毕，遂就归途，而抵阿丹。

阿丹算端闻其为基督教徒主教，兼是阿巴西大国王之使臣，拘之，询其是否为基督教徒，主教据实以对。于是算端命其改从回教，否则将使其大受耻辱。主教答言宁死而不背其造物主。

算端闻言甚恚，命人割其茎皮。人遂依回教俗割之，割毕算端语云：“轻其王故辱其使臣。”已而释之归。

主教受耻辱后，心中大悲痛。然私衷自慰，既为保持我辈救世主耶稣基督之戒律而受辱，于灵魂之救赎必有大功。

创愈后，自此循海遵陆而还抵阿巴西国王所。国王见之甚欢，大款待之，然后询以圣墓之事，主教据实以对，国王因是信奉愈切。主教述耶路撒冷之事毕，然后述阿丹算端轻其王而加辱于彼事。国王闻之既恚且痛，痛恼之深，几濒于死，终呼曰：“若不大复此仇，决不为王治国。”呼声之大，左右尽闻。

国王立命其全军步骑备战，并遣多数负木楼之战象至军中。诸事筹备既毕，遂率此重大军队出发，进向阿丹国境。算端闻此国王来侵，亦率其极众之军队进至国境最坚固之要道上，以阻敌军之入。国王率众至坚固要道时，回教徒已待于此矣。由是杀人流血之鏖战开始，盖双方皆残忍也。最后因我辈救世主耶稣基督之意，回教徒不能抵抗基督教徒，盖其作战不及基督教徒之优也。回教徒败走，死者无算。阿巴西国王率其全军攻入阿丹国内。回教徒屡在狭道上拒之，迄未成功，辄遭败亡。国王留驻月余，残破其敌人之国，每见回教徒即杀，毁其田亩，追杀戮已众而其耻已雪，遂欲还国，盖其至是可载大誉而归。纵欲久留，亦不能再使敌人受创，盖因敌拒守险隘之地，道狭颇难攻入。由是国王自阿丹敌国率军出发，载荣誉欢心而还本国。国王及其主教所受之耻既雪，回教徒死伤之众，田亩毁坏之多，其事诚可惊也。此事颇为重大，盖基督教徒认为不应败于回教徒之手也。

兹既述此事毕，对于此州尚有言者。此州一切食粮皆甚富饶，居民食肉、米、乳及芝麻。多象，然不产于本地，而来自别印度之岛屿。

亦多麒麟，产自此国。又见有熊、豹、狮子及其他种种异兽甚众。

多有野驴，及最美观之母鸡，并有不少其他种类禽鸟。有鸵鸟，鲜有小于驴者，并有鹦鹉甚美，并颇有异猫及猴。

此阿巴西州中城村甚众，亦多有商人，盖其境内商业繁盛也。其地制造极美之硬布及其他棉布。

——节选自《马可·波罗行纪·第三卷》

《天体运行论》

尼古拉·哥白尼（1473～1543），波兰著名的天文学家，"日心说"的创立者，近代天文学的奠基人。哥白尼出生于波兰的一个商人家庭，父亲早逝，由舅父抚养长大。1491～1495 年，哥白尼进入克拉科夫大学学习，1496 年去意大利学习，先后学习和研究了法律、天文学、数学、神学和医学，他同时还学会了希腊文。他不仅在天文学方面做出了突出的成就，同时也是一位出色的医生、社会活动家、数学家、经济学家和画家。

哥白尼是一位爱国主义者，当条顿骑士团疯狂侵略波兰时，他挺身而出，保卫自己的祖国。尽管哥白尼总是事务繁忙，但他始终保持冷静的

哥白尼

头脑，把主要精力放在天文学的研究上。1515 年，哥白尼开始写作《天体运行论》一书。他以惊人的天才和勇气揭开了宇宙的秘密，奠定了近代天文学的基础。

哥白尼以毕生的精力去进行天文研究，创立了《天体运行论》这一"自然科学的独立宣言"。哥白尼的《天体运行论》完稿后，因为怕遭到教会的反对而迟迟不敢发表。直到 1543 年 5 月 24 日哥白尼去世的那一天，他才收到出版商寄来的一部《天体运行论》。可惜当时的他已经因为脑溢血而双目失明，他只摸了摸书的封面，便与世长辞了。

《天体运行论》是哥白尼阐述其"日心说"的著作，1543 年在德国纽伦堡出版。他当时交付手稿时并无书名，出版者将它命名为《关于天体旋转的六卷集》，简称《天体运行论》。本书分为 6 卷，第 1 卷概述了日心地动学说的要点；第 2 卷应用 3 角学解释了天体在天球上的视运动；第 3 卷讨论了太阳视运动和岁差；第 4 卷阐述了月亮的运动；第 5 和第 6 卷论述了行星的运动。本书不仅提出了新的宇宙图像，而且对

日、月和行星的运动都有令人严格的数学论证和定量探讨。

《天体运行论》中文版书影

根据哥白尼的观测成果及对此的深入研究，他认为，如果说地球还能有别的运动，那就一定是与其他行星一样的运动，即围绕太阳中心的运动。由此，他得出一个新结论："太阳是宇宙的中心。正如人们所说，只要'睁开眼睛'正视事实的话，就会看到星体的合理秩序与宇宙的和谐。"

哥白尼在进行理论研究的同时，通过观测实地测定了行星的公转周期，重新安排了太阳系诸天体的排列顺序。他指出，太阳系的行星在各自的圆形轨道上绕太阳旋转，其轨道大致在同一平面上，公转方向也一致。按照周期与轨道大小成正比的观点，哥白尼重排了天体由远及近的顺序，即：最远的恒星天球是其他天体运动和位置的参考背景。行星是土星、木星、火星、地球、金星和水星（当时尚未发现天王星、海王星与冥王星）。

该书的出版，揭示了地球只是一颗围绕太阳的普通行星，彻底推翻了托勒密的地心体系，否定了"地球是上帝特意安排在宇宙中心"的宗教说教。

《天体运行论》中提出的"日心说"，震动了当时最有学问的人，从根本上动摇了欧洲中世纪宗教神学的理论支柱，揭穿了宗教神学伪造的谎言，彻底改变了人类的宇宙观念。本书第一次勇敢地向统治了 1400 多年的"地心说"发出了挑战。从此，自然科学便开始从神学中解放出来，在科学发展史上具有划时代的意义。300 多年后的 1882 年，罗马教皇宣布承认哥白尼的学说。

哥白尼

《天体运行论》的发表标志着近代自然科学的诞生。恩格斯对本书给予了高度的赞扬："科学的发展从此便大踏步前进。"并称它为"自然科学的独立宣言"。本书在近代科学史上具有无可替代的最为重要的历史地位。

现在我应当指出，天体的运动是圆周运动，因为球体的运动就是沿圆周旋转。球体正是通过这样的动作显示它具有最简单物体的形状。当它本身在同一个地方旋转时，起点和终点既无法发现，又无法相互区分。

可是由于天球或轨道圆（orbital circle）有多个，所以运动是多种多样的。其中最明显的就是周日旋转，希腊人称之为 νυχθημερυι. e.，也就是昼夜更替。他们设想，除地球以外的整个宇宙都是这样自东向西旋转的。这种运动被视作一切运动的共同量度，因为时间本身主要就是用日来量度的。

其次，我们还看到了沿相反方向即自西向东的其他旋转，日、月和五大行星都有这种运动。太阳的这种运动为我们定出了年，月亮的这种运动为我们定出了月，这些都是最为常见的时间周期。其他五大行星也都沿着各自的轨道做着类似的运动。然而，这些运动与第一种运动（即周日旋转）又有许多不同之处。首先，它们不是绕着与第一种运动相同的两极旋转，而是绕着倾斜的黄道轴旋转；其次，它们似乎并未在轨道上均匀地运动，因为日月的运行时快时慢，五大行星有时甚至还会出现逆行和留。太阳径直前行，行星则有时偏南、有时偏北地漫游。正是由于这个缘故，它们被称为"行星"。此外，这些星体有时距地球较近（这时它们位于近地点），有时距地球较远（这时它们位于远地点）。

然而尽管有这么多不规则的情况，我还是应当承认，这些星体的运动总是圆周运动，或者是由许多圆周运动复合而成的，否则这些不均匀性就不可能遵循一定的规律定期反复。因为只有圆周运动才可能使物体回复到先前的位置。例如，太阳由圆周运动的复合可以使昼夜更替不绝，四季周而复始。这里还应当有许多种不同的运动，因为一个简单的天体不可能被单一的球带动做不均匀的运动。之所以会存在这种不均匀性，要么是因为动力不稳定（无论是施动者的外在原因，还是受动者的内在原因），要么就是因为运行过程中物体自身的变化。而这两种假设都不能被我们的理智所接受，因为很难设想这种事情会出现在最完美的体系当中。因此，我们只能认为这些星体的运动本来是均匀的，但在我们看来却成了不均匀的，这或者是因为其轨道圆的旋转轴有别于地球，或者是因为地球并不位于其轨道圆的中心。当我们在地球上观察这些星体的运行时，它们与地球的距离并非保持不变，而光学已经表明，物体在近处看要比在远处看位移大，所以即便行星在相同的时间里沿轨道圆走过相同的弧段，其视运动也是不一样的。因此，我认为必须首先仔细考察地球与天的关系，以免我们在研究最崇高的事物的时候，会对与我们最近的事物茫然无知，并且由于同样的错误，把本应属于地球的东西归于天体。

——节选自《天体运行论·第四章》

《本草纲目》

李时珍（1518～1593），字东璧，号濒湖，明朝蕲州（今湖北省蕲

春县蕲州镇）人，中国历史上最著名的医学家和药学家之一。李时珍出生于医学世家，祖父和父亲都是医生。在家庭环境的影响下，他从小就对医学产生了浓厚的兴趣。他14岁考中秀才，但立志要学医，终于在20岁后如愿以偿，开始了学医之路。

李时珍

由于他注重临床实践，虚心学习，加上父亲的指导，很快便成为当地很有名望的医生。但他在行医以及阅读古典医籍的过程中，发现本草书中存在着不少错误，于是决心重新编纂一部本草书籍。为了弄清许多药物的形状、性味、功效等方面的知识，李时珍跋山涉水，足迹遍及大江南北，经过27年艰苦卓绝的努力和辛勤劳动，先后三易其稿，终于在1578年（61岁）完成了闻名中外的药学巨著《本草纲目》。

李时珍行医图

李时珍一生不信天命，坚持前进，重视实践，敢于创新。他在毕生从事的医药工作特别是本草学方面作出了卓越的贡献。他的著作颇多，见于文史记载的有：《本草纲目》、《濒湖脉》、《奇经八脉考》、《集简方》、《五脏图论》、《濒湖医案》、《三焦客难命门考》等。目前，除前三部著作外，其他著作均已失传。

李时珍在前人著作的基础上，实地考察，亲身实践，去伪存真，纠正了前人的许多错误之处，对本草学进行了全面的整理总结，写出了《本草纲目》这部巨著。1596 年，《本草纲目》在金陵（今江苏省南京市）正式刊行，即"金陵版"，一经出版立即风靡全国，医家视为珍品，争相抢购。

《本草纲目》共 190 多万字，分为 52 卷，全书分为 3 个部分：卷首部分——"本草纲目凡例"，内容包含本卷的目录以及附图 1100 多幅；卷一至卷四部分——"序列"和"百病主治药"；卷五至卷五十二部分——《本草纲目》的主要内容。本书把所收录的 1892 种药物细分为 16 部，部下又分 60 类，在大多数药物后面，都附有方剂，共 11096 个，其中有 8160 个是李时珍亲自收集和拟定的。

《本草纲目》在药物分类上采取了

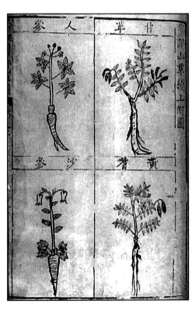

《本草纲目》明、清善本书影

"析族区类，振纲分目"的科学分类方法。李时珍把药物分为矿物药、植物药、动物药。又将矿物药分为金部、玉部、石部、卤部4部。对于植物药，根据植物的性能、形态及其生长的环境，区别为草部、谷部、菜部、果部、木部等5部；草部又分为山草、芳草、醒草、毒草、水草、蔓草、石草等小类。动物一类，则按低级向高级进化的顺序排列为虫部、鳞部、介部、禽部、兽部、人部等6部。

《本草纲目》一书中除大量附方、验方及治验病案外，还有一些有用的医学史料。

《本草纲目》从第一版出书到现在，已经有400多年了，先后出版过数十种版本。《本草纲目》是几千年来中国药物学的总结，是世界科技史上最为宏大的记述，也是中华医学库中一部食物养生学及药物学巨著。这本药典不论从严密的科学分类，或是从所包含药物的数目之多，以及流畅生动的文笔来看，都远远超过古代任何一部本草著作。

《本草纲目》在药物分类上采取的科学分类是按自然演化的系统来进行的，也就是从无机到有机、从简单到复杂、从低级到高级，这种分类法在当时是十分先进的，对后来的植物学和动物学研究产生重大影响。《本草纲目》所涉及的内容极为广泛，在生物、化学、天文、地理、地质、采矿乃至于历史方面都有突出的贡献，较早地记载了纯金属、金属氯化物、合金、硫化物等的化学反应，同时记载了结晶、蒸馏、沉淀、升华、干燥等现代化学中的一些操作方法。

《本草纲目》是我国医药宝库中的一份珍贵遗产，是中国古代药学史上最著名的、内容最丰富的医药学著作，是对16世纪以前中医药学

的系统总结，被誉为"东方药物巨典"，它对人类近代科学以及医学方面的影响最大。《本草纲目》于 17 世纪末开始传播，先后有英、法、日、俄、德等多种文字的译本，对世界自然科学作出了卓越的贡献。

何首乌

释名：

交藤、夜合、地精、陈知白、马肝厂、桃柳藤、九真藤、赤葛、疮帚、红内消。

气味：

（根）苦、涩、微温、无毒。

主治：

1. 骨软风疾（腰膝疼痛，遍身瘙痒，行步困难）。用何首乌（以有花纹者为最好）、牛膝各一斤，同在好酒中泡七夜，取出晒干，捣烂，加枣肉和成丸子，如梧子大。每服三十至五十九。空腹服，酒送下。

2. 皮里作痛（不知痛在何处）。用何首乌末，姜汁调成膏涂搭，搭后用布包住，以火烘鞋底熨按。

3. 自汗不止。用何首乌末，调唾液，封脐上。

4. 肠风下血。用何道乌二两，研为末。每服二钱，饭前服，米汤送下。

5. 破伤血出。用何道乌末敷上即止。有特效。

6. 瘰疬结核（或破或不破，下至胸前者皆可治），用何首乌根洗净，每日生嚼，并取叶捣烂涂患处。

7. 痈疽毒疮。用何首乌不限量，在文武火上熬煎，加酒等量，再煎开几次后，存酒，随时饮用；取药渣焙干，研为末，以酒煮面调成丸子，如梧子大。每服三十九，空腹服，温酒送下。病愈后，药可常服。

8. 大风疠疾。用何首乌（以大而有花纹者为好）一斤，泡淘米水中七天，反复蒸、晒数次，加胡麻四两，再蒸再晒，研为末，每服二钱，酒送下，一天服二次。

9. 疥癣。用何首乌、区叶等分，水煎浓汤洗浴，可以解痛、生肌肉。用何首乌茎、叶煎汤洗浴，也有效。

曼陀罗花

释名：

风匣儿、山茄子。

气味：

（花、子）辛、温、有毒。

主治：

1. 脸上生疮。用曼陀罗花晒干，研为末，取少许敷贴疮上。

2. 小儿慢惊。用曼陀罗花七朵，天麻二钱半，全蝎（炒）十枚，天南星（炮）、丹砂、乳香各二钱半，共研为末。每服半钱，薄荷汤调下。

3. 大肠脱肛。用曼陀罗子连壳一对、橡斗十六个，同锉，水煎开三、五次，加入朴硝少许洗患处。

4. 作麻醉药。秋季采曼陀罗花、火麻子花，阴干，等分为末，热酒调服三钱。为一会即昏昏如醉。割疮、炙火宜先服此，即不觉痛苦。

——节选自《本草纲目·草部》

《农政全书》

作者简介

徐光启（1562～1633），字子先，号玄扈，教名保禄，松江府上海县（今上海市）人，中国明代著名的科学家、天文学家、政治家。

徐光启出生于贫寒家庭，自幼勤学苦练、生活俭朴，万历三十二年（1604年）中进士。公元1600年，徐光启在南京和意大利人利玛窦相识，以后两人又长期同住在北京，经常来往研讨学问。他通天文、历算，习火器，为天主教徒，并且被称为"圣教三柱石"之首。

徐光启为人刚正不阿，多次向朝廷提出许多救国救民的主张均未被采纳，同时还受

徐光启

其他贵族官僚的排挤迫害。他把大部分精力用于从事科学研究，写出了中国集古代农业科学之大成的巨著《农政全书》。徐光启一生治学严谨，为官廉正，终生从事研究天文、历法、水利、数学、测量、农学，较早接触并容纳西方文化。除《农政全书》外，他还著有《徐氏庖言》、《诗经六帖》、《崇祯历书》，译作有《几何原本》、《泰西水法》等。

《农政全书》成书于明末，全书共 60 卷，70 多万字，分为农本、田制、农事、水利、农器、树艺、蚕桑、蚕桑广类、种植、收养、制造、荒政等 12 项。第一部分"农本"，在全书中起到了突出指导思想的作用，内容有《经史典故》、《诸家杂论》、《国朝重农考》。第二部分"田制"，主要记述的是农田制度。第三部分"农事"，主要介绍了土地屯垦、农事季节和天气等方面的经验及知识，内容较为详细和全面，其中包括了《营治》、《开垦》、《授时》、《占候》。第四部分"水利"，主要叙述了农田水利方面的问题。第五部分"农器"，记述的是农业生产及加工过程中所使用的器具。第六部分"树艺"，记述了各种农作物以及果树的栽培和管理技术等。第七部分"蚕桑"，集中记述了栽植桑树和

《农政全书》书影

养蚕的经验和技术等。第八部分"蚕桑广类"，记述了纺织用的棉、麻、葛等纤维作物的栽培等。第九部分"种植"，主要介绍了经济林木、特用作物以及药用作物的栽培及管理方法。第十部分"牧养"，记述了畜

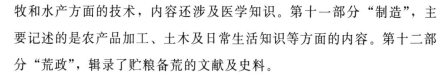

牧和水产方面的技术，内容还涉及医学知识。第十一部分"制造"，主要记述的是农产品加工、土木及日常生活知识等方面的内容。第十二部分"荒政"，辑录了贮粮备荒的文献及史料。

《农政全书》囊括了古代农业生产和人民生活的各个方面，而其中又贯穿着一个基本思想，即徐光启的治国治民的"农政"思想。在书中人们可以看到开垦、水利、荒政等等一些不同寻常的内容，并且占了将近一半的篇幅，这是其他的大型农书所鲜见的。

在徐光启生前，《农政全书》虽已编成，但未定稿。现在的《农政全书》是经陈子龙等在出版时增删过的，因此书中存有一些自相矛盾的错误，很可能是增删时造成的。

《农政全书》区别于其他农书的一个显著的特点是，将"农政"摆在了首位。关于"农政"的主张，在一定程度上影响了后来的社会政策。书中阐述了进行农业生产的基本指导思想，记录了已有的农学研究成果，系统总结了我国古代农学所取得的巨大成就，并揭出了许多新的思想。

农业即本业，徐光启认为"富国必以本业"。徐光启所推崇的重农思想不仅在于促进农业发展，而且更具备了维持社会稳定的积极意义。

《农政全书》所体现出的科学态度和严谨治学的精神对后世影响很大。许多科学的观点和结论否定了当时的统治阶级所宣扬的各种迷信说法。《农政全书》对人们研究古代农业技术作出了重要贡献，成为留给后世珍贵的科学遗产。

三巳日壶

炼铜以为壶，壶之容，半加于双筒之容。其形椭圆，腹广而上下弇之。弇之度，视广之度杀其十之二。当其弇而设之盖。壶之底，为椭圆之长径，设两孔焉皆在其径。孔之椭圆，其大小也与管之上端等。融锡而合之。壶之两孔，各为之舌而干之。舌之制，如筒中之舌也。壶之内，当两孔之中而设之纽，两舌之枢悉系焉而开阖之，左右相禅也。当盖之中，为圜孔焉，而合于中筒。盖之合于壶也欲其无罅也。既咸，以铁为双环，而交缠束之。当其合而锢之锡，以备缮治也。夫水之入于管也，左右禅也，而终无出也。水从管入者，以提柱之逼之也，则上冲而壶之舌为之开，以入于壶。水势尽而彼舌开，则此阖矣。是代入于壶也，而终无出也。其代入也，壶为之恒满而上溢。其终无出也，而有筒之容，以俟其底之入也。故曰壶者水之总也，水所由续而不绝也。

注曰：半加容者，如之又加半焉。如双筒共容四升，则壶容六升也。弇，敛也，腹广而上下弇，如本篇二图，甲乙丙丁形是也。盖者，戊己庚辛也。椭圆之长径，底图之乙丙是也。二孔者，未申也，酉戌也。皆在其径者，二孔之心，在乙丙线之上也。二孔椭圆者，如酉戌短，干亥长，以合于一图之未申己庚也。二舌者，寅卯也，辰午也。纽者，子丑也。以枢合纽，令寅卯之板，恒加于未申孔之上，向丙而开阖之也。辰午加于酉戌，亦如之，左右相禅也。盖之圜孔，庚辛是也。盖合于壶者，己戊加于甲丁也。双环缠束者，本第三图之角亢氏房是也。既锢之又束之者，水力大而易渫也。

礱磨

破谷不致损米。就用拐木，窍贯礱上。掉轴以绳悬檩上。众力运肘以转之，日可破谷四十余斛。方谓之木礤，石凿者谓之石木礤。礱、礤字从石，初本用石，今竹木代者亦便。又有废磨，上级已薄，可代谷礱，亦不损米。或人或畜转之，谓之礱磨。复有畜力挽行大木轮轴，以皮弦或大绳，绕轮两周，复交于礱之上级，轮转则绳转，绳转则礱亦随转。计轮转一周，则礱转十五余周。比用人工，既速且省。

碾

《通俗文》曰：石硝轹谷曰碾。《后魏书》曰："崔亮在雍州，读《杜预传》，见其为八磨，嘉其有济时用，因教民为碾。"玄扈先生曰：后魏臣工，最多留心民事者，将上意所先耶？抑两汉遗人也？今以粝石，瓷为圆槽，周或数丈，高逾二尺。中央作台，植以箕轴，上穿干木，贯以石砬。有用前后二硝相逐，前备撞木，不致相击。仍随带搅把，畜力挽行。循槽转碾，日得米三十斛。近有法制碾槽，法制：用沙石、芹泥，与糯粥同胶和之，以为圆槽。下以木棰缓筑实，直至干透可用。轹米特易，可加前数，此又碾之巧便者。玄扈先生曰：亮为仆射，奏于张方桥东，堰毂水，造础磨二十区，其利十倍，国用便之。

——节选自《农政全书·卷之九》

《关于托勒密和哥白尼两大世界体系的对话》

伽利略·伽利雷（1564～1642），意大利著名的天文学家、数学家、物理学家和哲学家，近代实验物理学的开拓者，近代科学的重要奠基人。他出生于意大利的比萨城，从小聪明好学，17岁时被父亲送入比萨大学学医，但他对医学不感兴趣；由于受到一次数学演讲的启发，后来热衷于数学和物理学的研究。伽利略很早就相信哥白尼的理论，他用意大利文写文章宣传

伽利略

哥白尼、开普勒的新理论和世界观，并且他的观点很快就广泛地得到许多人的支持。

由于他反对当时统治知识界的亚里士多德的世界观和物理学，同时又由于他宣扬违背天主教教义的哥白尼的太阳中心说，所以不断受到教授们的排挤以及教士们和罗马教皇的激烈反对，最后终于在1633年被罗马宗教裁判所强迫在"悔罪书"上签字，并被判刑入狱。这使他的身体和精神都受到很大的摧残，但他仍然致力于力学的研究工作。1637年，他双目失明。1642年，他由于寒热病在孤寂中离开了人世。300多年后的1979年11月10日，罗马教皇才公开承认对伽利略审判的不公正。1980年10月，世界主教会再一次声明，为科学巨人伽利略沉冤

昭雪。

伽利略的主要著作有《星际使者》、《关于太阳黑子的书信》、《关于托勒密和哥白尼两大世界体系的对话》、《关于两门新科学的谈话和数学证明》等。为了纪念伽利略的功绩，人们把木卫一、木卫二、木卫三、木卫四命名为伽利略卫星。

伽利略于1632年出版了《关于托勒密和哥白尼两大世界体系的对话》，简称《对话》。他用对话的形式来叙述他的新自然科学观。在本书中，伽利略塑造了3个人物：一个聪明的实践者、一个科学家、一个哲人。他们在肯定前人正确的理论上，对前人的不足和错误进行了理性的"争论"（对话）。伽利略的核心思想，就是通过有效的实验、正确的分析和实际检验来对自然进行理性的认识。

《关于托勒密和哥白尼两大世界体系的对话》书影

全书由四天的对话组成。在第一天的对话中，伽利略利用 1572 年和 1604 年的超新星以及太阳黑子的产生和消失等现象，批判"天地不变"和"天地之间有根本区别"的经院哲学观点。第二天，用力学研究领域的新成果（惯性定律、自由落体定律、力的合成定律、单摆、相对性原理等）论证地球的自转。第三天，分析行星的运动，论证太阳是宇宙的中心（当时认为太阳系就是宇宙）。第四天，主要讨论了潮汐问题。除最后一天外，其余三天中伽利略的主要论点都为后来科学发展所证明。

影响和评价

《关于托勒密与哥白尼两大世界体系的对话》一书以自然科学的最新成就为依据，批判了"地心说"、宗教唯心主义世界观和经院哲学，并用许多新发现和力学研究新成果论证了哥白尼的"日心说"，从而有效地促成了自然科学的形成和发展。

本书是近代科学思想史上一部重要的文献和经典著作，它与《天体运行论》（哥白尼）和《自然哲学的数学原理》（牛顿）一起被誉为天文学的三部伟大杰作。

在当时特定的环境下，伽利略采取了这种特殊的论述方式，让我们更加生动地了解了他的思想之外，也留下了鲜明的历史烙印。在这本书中，我们可以学到更多的东西，包括伽利略用生动的对话体所表现的独特的修辞风格。

【第一天】

逍遥学派的哲学是不会改变的。

萨：我说，辛普利邱还不需要害怕它会这样垮掉；我将设法向他保证只要付出很少的代价就可以防止损坏的发生。这样一大堆伟大的、精细的、明智的哲学家是不会被一两个人的一点虚声恫吓所压服得了的，毋宁说，他们连用笔杆指一指都不需要，单单靠沉默，就可以使这些攻击他们的人普遍受到鄙视和嘲弄。要设想单靠驳倒这个或那个作家，就能够建立一种新哲学，那只是妄想。首先还是教导人们换换脑筋，使它能够区别真理和错误，而这件事是只有上帝能够做得到。

可是我们这样你一言我一语的，岔到哪里去了？请你们想想我原来讲了些什么，否则我将永远回不到正题上来。

辛：我记得很清楚。我们刚才讲的是《反第谷论》对反对天体不变论的回答。在讨论这些反对理由时，你插进了太阳黑子的问题，那是原书中所没有提到的；而且我记得你当时是打算讨论作者对那些新星发现的问题的答案。

萨：我全想起来了。现在继续谈个问题，我觉得《反第谷论》里面的反驳，有些地方应当批判。首先是那两颗新星，作者没有办法只好把它们放在天界最辽远的区域，而且这两颗星存在了很长一段时间方才消失；但是这并不使作者坚持天体不变的想法有所动摇，原因很简单：它们并不是毫无问题地属于天界的部分，它们的变化也不关那些古老星球的事；可是，他为什么费那么大的劲并想尽一切方法把那些彗星从天界赶走呢？他只要说一声这些彗星并不毫无问题地属于天界的部分，它们的变化不关那些古老星球的事，因此丝毫不影响到天界的性质或者亚里士多德的学说；这样一来岂不就行了吗？

其次，太阳黑子已经十足证明会产生和消失，而且它们的地位是和太阳挨着的，随着太阳旋转或与太阳连在一起旋转；但是《反第谷论》的作者却不提太阳黑子，这使我看出这位先生写书可能不是从自己的信念出发，而是为了使别人得到安慰。我这样说，是因为他显然是懂得数学的，而那些黑子必然和太阳本身连接，其产生和消灭，规模之巨大在地球上又是无与伦比的；关于这些事实的数学证明，他不应当不相信。而且太阳完全有理由称得上诸天中最高贵的部分；既然太阳上面发生的生生灭灭是这样多，这样巨大，这样频繁，那么我们有什么理由不相信别的天体上也会发生同样的变化呢？

> 对天体说，生灭变化比不生不灭不变，是更大的完善。

灭变化等等说成是很大的缺陷，总觉得非常诧异，甚至可以说是我的理性所不能容忍的。

> 地球所以高贵是因为地球上发生那么多的变化。

着各种变化，它就会仍旧是一大片沙漠或者一座碧玉水山；

沙：我听见有人把不灭不变等等说成是宇宙中各个天生的、完整的天体之所以完善和高贵的最主要原因，而把生

在我看来，地球之所以可贵、可亲，恰恰是因为它在不断地发生着各种不同的变动、变化和生灭。如果地球不经历

再如果在洪水时期淹没地面的水全冻起来，那么从那时候起地球就始终是一个庞大的冰球，永远没有什么东西生长出来或者改

> 地球如果没有变化，那就成了无用的废物。

变，那我就会认为它是宇宙中的一块废物，一点生气没有，一句话，是

多余的，基本上是不存在的。这恰恰是一个活的动物和死的动物的差别；而且我要说，对于月亮、木星以及一切其他天体也是如此。

泥土比金银珠宝贵重。

的。试想还有什么比称金银珠宝为"贵重"，称泥土为"低贱"更愚蠢的吗？这样说的人应当记着，如果土壤比贵重金属或者珠宝稀少得多，

物之贵贱视多寡而定。

倘能在一只小花盆里种上一棵素馨花，或者种一粒橘子的种子看它发芽、成长，长出漂亮的叶子，开出芬芳的花朵，结出鲜美的果实来。世俗的人

俗人赞扬不朽不灭是由于怕死。

把某些东西说成贵重，某些东西说成没有价值，是根据东西的多寡决定的；他们说一颗钻石很美因为看上去就像清水一样，然而却不肯拿一颗钻石和十桶水交换。我相信，那些大捧特捧不

诽谤朽灭的人只配变成石像。

灭不变等等的人，只是由于他们渴望永远活下去和害怕死亡。他们不自问一下如果人是长生不老的，他们自己就永远不会生到世界上来。这种人实在只配看见米杜莎的头①使他们变成碧玉的或钻石的石像；这样一来，他们就比原来更完美了。

萨：也许这样变一变形，对他们并不完全不利，因为我觉得他们与其站在错误方面讲话，还不如不讲话的好。

【注释】

①米杜莎（Medusa），希腊神话中的女神之一，她的头发全是蛇，人看见她就会变成石头。

《心血运动论》

　　威廉·哈维（1578～1657），英国生理学家、解剖学家和胚胎学家。他出生于一个地主家庭。哈维在坎特伯雷的私立学校金学院完成基础教育后，于1593年至1599年在剑桥大学学习艺术和医学，随后远赴意大利的帕多瓦大学深造。在意大利学习期间，他常去听伽利略讲授力学和天文，逐渐使他的求知欲望跨越了学科的界线。伽利略注重实验的做法对哈维的影响极大，这为他日后研究医学，发现血液循环奠定了基础。1602年，哈维在帕多瓦获得医学博士学位后回到英国。1615～1659年，哈维担任卢姆莱外科讲师，也是从那时候起他开始关注血液和心脑的运动问题。

　　在哈维的职业生涯中，他与皇室建立了密切的关系。1649年，英国国内战争结束后，查理一世被绞死，哈维因为一直忠于查理一世而被处罚金200英镑，并被禁止进入伦敦城。1657年，79岁的哈维在他的弟弟家去世。

哈维

　　哈维一生中写过大量的科学论著，但是只发表了《心血运动论》和《论动物的生殖》两书，以及几封为《心血运动论》辩护的公开信。

《心血运动论》出版于 1628 年，全书共分 17 章。在该书的导言中，哈维批驳了盖伦的许多错误说法，尤其是"脉搏和呼吸的目的都是为了吸入元气，以保证血液的通风散热"这一说法。

《心血运动论》书影

在第 1 章中，哈维强调了自己是通过活体解剖和实际观察来研究心脏运动及其与脉搏的关系的；在第 2、3、4 章中，他根据对各种动物的活体解剖，描述了心脏的运动过程及其与脉搏的关系；在第 5 章中，他强调了心脏的功能是通过心室将血液从静脉运送到动脉，再通过动脉将血液分配到全身的；在第 6、7 章中，他讨论了肺循环，强调肺动脉的存在是为了使血液能够通过肺而不是为了营养肺本身。

在第 8 章中，哈维正式推出血液循环观念；在第 9、10 章中，哈维依旧强调了通过血液的流量之大，并且他以定性的方法计算了这一点，从而表明肝脏不可能在如此之短的时间内制造出如此多的血液；在第

11、12 章中，哈维试图通过结扎实验来证明，动脉与静脉在外周处肯定有一个连接通道。他通过实验表明血液是从心脏流入动脉，再从动脉流回静脉，静脉的向心回流是循环的必要条件。

在第 13 章，哈维继续为静脉的向心回流提供证据，这就是静脉瓣膜的存在；在第 14 章，哈维对循环做了一个简短总结；在第 15 章，哈维认为，当血液到达身体的外周部分时，它会因为失去热量和元气而变得黏稠和凝结，如同死亡状态时一样，这时它需要重新回到心脏去获得热量和元气。换言之，心脏是生命的源头所在。这一观点秉承了亚里士多德的生命观。哈维甚至认为，忧郁、恋爱、妒忌、焦虑及其他类似的情感都会使人憔悴衰弱，原因就在于心境影响了心脏。

在第 16 章中，哈维依然用事实来验证循环学说。比如他举例，在梅毒、蛇咬、狂犬病等症状中，有时梅毒能使肩和头感到疼痛，而生殖器却安然无恙；即使被狂犬咬过的伤口愈合了，但是发烧及其他严重的症状依旧存在。显然，这正是因为某一部位受到感染后，病原由回流的血液带到心脏，通过循环而感染了全身。

在第 17 章，哈维依旧从比较解剖学及心脏的结构着手，论证了心脏在循环中所起的作用。动物的体形越大，体温越高，其心脏越完善、越有力。此外，越是接近心脏的动脉，其结构与静脉结构的差别就越大；接近心脏的动脉更强韧，而在身体的端点如四肢等处，两种血管则很相似，用肉眼几乎无法区分。其理由就在于：血管离心脏越远，受到因心脏跳动而产生的冲击力就越小，动脉与静脉的结构差异由此而起。

影响和评价

《心血运动论》的出版震惊了当时的医学界和生理学界，它的观点从根本上推翻了统治人们头脑上千年的关于心脏运动和血液运动的经典观点，提出血液是循环运行的，心脏有节律的持续搏动是促使血液在全身循环流动的动力源泉。这本书也奠定了哈维在生理学和科学史上无可替代的地位。

由于对心血系统的出色研究，使得哈维成为与哥白尼、伽利略、牛顿等人齐名的科学革命的巨匠。他的《心血运动论》一书也像《天体运行论》、《关于托勒密和哥白尼两大体系的对话》、《自然哲学的数学原理》等著作一样，成为科学革命时期以及整个科学史上极为重要的文献。恩格斯对他的评价是："正是哈维使生理学确立为一门科学。"

从上述及其他类似的观察中，我认为心脏的运动如下所述：

先是心房收缩，在心房的收缩过程中，将血液（心房是静脉的起点，血液的储存所，含有大量的血液）送入心室，当心室充满血液时，心脏挺起，心纤维紧张，心室收缩，心脏跳动，心脏通过跳动，将心房流入的血液送到动脉中。右心室通过所谓的肺动脉将血液送到肺部，从结构和功能等方面看，肺动脉是一种动脉。左心室把血液送到主动脉，通过主动脉和体动脉将血液送到躯体的大部分。

这两种运动，即心室的运动和心房的运动，相继发生，不过两种运动以同一方式保持着和谐或节奏。两种运动以这种方式发生，没有一种运动是明显的，尤其是在热血动物中。在这种动物中，运动是迅速的。原因在于心脏像是一架机器，其中，虽然一个轮子的运动驱动了其他轮子的运动，然而所有的轮子似乎是同时运动的。或者说，心脏的机械装置像是一个火器，触动扳机后便激发了打火石，打火石撞击钢铁而产生火花，火花点燃火药，火焰扩展，进入枪膛，引起爆炸，击出弹丸，从而完成了射击。凡此种种，发生的速度极快，像是在一瞬间完成的。吞咽也是这样。由于舌根挺起和口腔的紧压，食物或饮料冲入咽喉，喉在喉部肌肉和会厌的作用下关闭，咽在咽部肌肉的作用下闭合，如同一个口袋在装满物品时必须提高口袋并张开袋口一样，这样口中可以含更多的食物。然后，在横纹肌的作用下，食物下咽，最后由直纹肌将食物送至食道深处。所以，这样的运动，虽然是由迥然不同的器官所完成，但它们之间却是和谐地进行的，以这样的次序，这些器官进行了单一的运动和活动，我们称之为吞咽。

心脏的运动和活动也是这样完成的，它进行了另一种吞咽，它是将血液从静脉传到了动脉。假如谁记住这一点，他也会细心地观察到活体动物中的心脏运动，他不仅能够发现我专门提到过的现象，即心脏挺起，心房连续的运动，而且他还可以进一步地发现心脏有一种不清晰的颤动以及向着右心室的倾斜，使心脏在活动时有轻微的弯曲。实际上，谁都可以发现，马在饮水时，咽喉一动作便饮入水并且将水送到胃中，这个动作伴有声响，产生的搏动可以被触摸到。心脏的运动也是一样，当有大量的血液从静脉转运到动脉时，搏动产生的声响从胸部也可以听到。

心脏的运动完全如上所述。心脏的活动之一是进行血液的传送和分配，并且通过动脉把血液送到身体的各个部位。因此，我们所感觉到的动脉的搏动只不过是来自心脏血液的冲击。

心脏除了泵出血液，使血液在身体各部分运行，并将血液分配到身体各部分外是否还有其他的作用？例如，温热血液，加进元气，使血液更加完美，对于这些还需要我们不断地探索，而且这些还取决于我们对其他领域的研究。现在能够说明的只是，发现了心脏的作用是通过心室将血液从静脉运送到动脉，再通过动脉将血液分配到身体的各个部分。

——节选自《心血运动论·第五章》

《天工开物》

宋应星（1587～1661），字长庚，奉新县（今江西省奉新县）人，明代著名科学家。他28岁考中举人，以后5次进京会试均告失败。崇祯七年（1634年）宋应星出任江西分宜县教谕（县学的教官）。在此期间，他把他长期积累的生产技术等方面的知识加以总结整理，并着手撰写《天工开物》一书，花了整整3年时间，终于将其完成，本书在崇祯十年（1637年）刊行。

宋应星

宋应星一生讲求实学，对劳动人民怀有深刻的同情，对官府压榨人民、对士大夫轻视生产的态度极为不满。除《天工开物》外，宋应星还著有《厄言十种》、《杂色文》、《画音归正》、《原耗》等著作，多已失传。

《天工开物》的书名是由"巧夺天工"和"开物成务"这两句古成语合并而成的，合起来的意思为：只要丰富提高自己的知识技能，遵循事物发展的规律，辛勤劳动，就能生产制造出精美程度胜过天然的各种生活所需物品。

《天工开物》书影

《天工开物》系统而全面地总结了我国古代农业和手工业方面所取得的卓越成就。全书共18卷，分别记述了粮食生产和加工、纺织和染色、制糖、制盐、陶瓷制造、金属冶炼和加工、采矿、榨油、酿造、颜料、造纸、车船、兵器和珠玉的生产过程、工具设备和生产工艺等。其中不少技术至今仍在应用。在《天工开物》中，宋应星最早科学地论述了锌和黄铜（铜锌合金）。他明确指出，锌是一种新金属，并且首次记载了它的冶炼方法。这是我国古代金属冶炼史上的重要成就之一。宋应星记载的用金属锌代替锌化合物（炉甘石）炼制黄铜的方法，是人类历史上用铜和锌两种金属直接熔融而得黄铜的最早记录。在生物学方面，他在书中记录了农民培育水稻、大麦新品种的事例，研究了土壤、气候、栽培方法对作物品种变化的影响，又注意到不同品种蚕蛾杂交引起变异的情况，说明通过人为的努力，可以改变动植物的品种特性的科学见解，把我国古代科学家关于生态变异的认识推进了一步，为人工培育新品种提出了理论根据。在物理学方面，宋应星通过对各种音响的具体分析，研究了声音的发生和传播规律，并提出了声是气波的概念。

《天工开物》不仅反映了明末生产技术的发展水平，而且体现了作者的农本思想。全书自始至终充分肯定了劳动人民的生产实践活动。

影响和评价

《天工开物》是世界上第一部关于农业和手工业生产的综合性著作，被欧洲学者称为"技术的百科全书"。它对中国古代的各项技术进行了系统的总结，构成了一个完整的科学技术体系；对农业方面的丰富经验进行了总结，全面反映了工艺技术的成就。书中记述的许多生产技术一直沿用到近代。

由于徐霞客的反清思想，《四库全书》没有收录《天工开物》，但这本书却在日本、欧洲广泛传播，被译为日、法、英、德、意、俄文。书中关于制墨、制铜、养蚕、用竹造纸、农艺加工等等方法，都对西方产生了影响，代表了中国明代的技术水平。英国著名生物学家达尔文在读了关于《天工开物》中论桑蚕部分的译本后，把它称之为"权威著作"，并且他把中国古代养蚕技术措施作为论证人工选择和人工变异的例证之一。

1966 年，美国宾夕法尼亚大学的任以都博士将《天工开物》全文译成了英文，并加了译注，题为《宋应星著，17世纪中国的技术书》，在伦敦和宾夕法尼亚两地同时出版，成为《天工开物》第一个欧洲全文译本。目前，宋应星的《天工开物》已经成为世界科学经典著作在各国流传，并受到高度的评价。

冶　铁

凡冶铁成器，取已炒熟铁为之。先铸铁成砧，以为受锤之地。谚云："万器以钳为祖。"非无稽之说也。

凡出炉熟铁，名曰毛铁。受锻之时，十耗其三为铁华、铁落。若已成废器未锈烂者，名曰劳铁，改造他器与本器，再经锤，十止耗去其一也。

凡炉中炽铁用炭，煤炭居十七，木炭居十三。凡山林无煤之处，锻工先择坚硬条木，烧成火墨（俗名火矢，扬烧不闭穴火），其炎更烈于煤。即用煤炭，也别有铁炭一种。取其火性内攻、焰不虚腾者，与炊炭同形而分类也。

《天工开物·陶埏》中的插图

凡铁性逐节黏合、涂上黄泥于接口之上，入火挥槌，泥滓成枵而去，取其神气为媒合。胶结之后，非灼红斧斩，永不可断也。

凡熟铁、钢铁已经炉锤，水火未济，其质未坚。乘其出火之时，入清水淬之，名曰健刚（钢）、健铁。言乎未健之时，为钢为铁弱性犹存也。

凡焊铁之法，西洋诸国别有奇药。中华小焊用白铜末，大焊则竭力挥锤而强合之，历岁之久，终不可坚。故大炮西番有缎成者，中国则惟事冶铸也。

斤 斧

凡铁兵，薄者为刀剑，背厚而面薄者为斧斤。刀剑绝美者以百炼钢包果（裹）其外，其中仍用无钢铁为骨。若非钢表铁里，则劲力所施，即成折断。其次寻常刀斧，止嵌钢于其面。即重价宝刀，可斩钉截凡铁者，经数千遭磨砺，则钢尽而铁现也。倭国刀，背阔不及二分许，架于手指之上不复欹倒。不知用何锤法，中国未得其传。凡健刀斧，皆嵌钢、包钢，整齐而后入水淬之。其快利则又在砺石成功也。凡匠斧与椎，其中空管受柄处，皆先打冷铁为骨，名曰羊头，然后热铁包果（裹），冷者不沾，自成空隙。凡攻石椎，日久四面皆空，熔铁补满平填，再用无弊。

锄 镈

凡治地生物，用锄、镈之属，熟铁锻成，溶化生铁淋口，入水淬健，即城刚劲。每锹、锄重一斤者，淋生铁三钱为率，少则不坚，多则过刚而折。

锉

凡铁锉纯钢为之，未健之时钢性亦软。以已健钢斩。以已健钢斩划成纵斜文理,划时斜向入,则文方成焰。划后烧红,退微冷,入水健。久用乖平,入火退去健性,再用斩划。凡差开锯齿用茅叶差,后用快弦差。治铜钱用方长牵差,销钥之类用方条差,治骨角用剑面差。朱注所谓虑锡。治木末则锥成圆眼,不用纵斜文者,名曰香差。划差纹时,用羊角末和盐醋先涂。

锥

凡锥,熟铁锤成,不入钢和。治书偏之类用圆钻。攻皮革用扁钻。梓人转索通眼、引钉合木者,用蛇头钻,其制:颖上二分许,一面园,二面剜入,傍起两棱,以便转索。治铜叶用鸡心钻。其通身三棱者,名旋钻。通身四方而末锐者,名打钻。

锯

凡锯,熟铁断(锻)成薄条,不钢,亦不淬健。出火退烧后,频加冷锤坚性,用鑢开齿。两头街木为梁,纠篾张开,促紧使直。长者剖木,短者截木,齿最细者截竹。齿钝之时频加鑢锐,而后使之。

——节选自《天工开物·锤锻第十》

《几何学》

勒内·笛卡儿(1596~1660),法国著名数学家、科学家、哲学家、物理学家,解析几何的创始人。笛卡儿出生于法国小镇拉埃的一个贵族

家庭，由于他幼年体弱多病，最终养成终生沉思的习惯和孤僻的性格。笛卡儿8岁时被送入耶稣教会学校，接受古典教育。1612年，他到普瓦捷大学攻读法学，1616年获得博士学位。本想借机游历欧洲、开阔眼界的军旅生活使他感到疲惫，便于1621年回国，时值法国内乱，于是他去瑞士、荷兰、意大利等国旅行，并于1628年移居荷兰。在荷兰20多年的生活中，笛卡儿对数学、哲学、天文学、化学、物理学、生理学等领域进行了深入的研究。

1634年，笛卡儿完成了以哥白尼学说为基础的《论世界》。1637年，笛卡儿用法文写成3篇论文《折光学》、《气象学》、《几何学》，并为此写了一篇序言《科学中正确运用理性和追求真理的方法论》，哲学史上简称为《方法论》。1641年，他出版了《形而上学的沉思》，1644年，出版了《哲学原理》等重要著作。

笛卡儿

作为《方法论》的一个最成功的例子，就是笛卡儿运用代数的方法来解决几何问题，从而创立了解析几何学，在数学史上具有划时代的意义。笛卡儿被誉为"近代科学的始祖"。人们在他的墓碑上刻下了这样一句话："笛卡儿，欧洲文艺复兴以来，第一个为人类争取并保证理性权利的人。"

内容精要

《几何学》于1637年出版，是笛卡儿唯一的数学论著，而正是它成为笛卡儿创立解析几何学的代表作。它是作为《方法论》的3个附录之一出版的。

《几何学》首页

《几何学》全书共分3卷。在第1卷中，笛卡儿对代数式的几何作了解释，指出几何作图实际上即对线段进行一定的代数运算——他用平面上的一点到两条固定直线的距离来确定点的距离，用坐标来描述空间上的点。笛卡儿认为几何问题不仅可以归结成为代数形式，而且可以通过代数变换来实现发现几何性质。他引入了单位线段，以及线段的加、减、乘、除、开方等概念，从而将几何作图问题代数化，为解析几何学的创立奠定了基础。在第2卷中，笛卡儿开辟了全新的曲线领域——在平面上以一条直线为基线，为它规定一个起点，又选定与之相交的另一条直线，它们分别相当于 x 轴、原点、y 轴，构成一个斜坐标系。笛卡

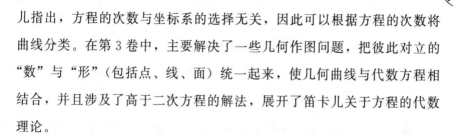

儿指出，方程的次数与坐标系的选择无关，因此可以根据方程的次数将曲线分类。在第3卷中，主要解决了一些几何作图问题，把彼此对立的"数"与"形"（包括点、线、面）统一起来，使几何曲线与代数方程相结合，并且涉及了高于二次方程的解法，展开了笛卡儿关于方程的代数理论。

笛卡儿以符号代数为基础，将代数学应用于几何学，从而创立了新的数学分支——解析几何学。《几何学》也被认为是论述解析几何的一部经典之作。

《几何学》是笛卡儿从事具体数学研究的结晶，其中最惊人的业绩是他所提出的影响到微积分的诞生以及近代科学繁荣的解析几何的基本思想和方法。

在《几何学》中，笛卡儿利用坐标系将代数和几何结合起来，改变了自古希腊以来代数和几何分离的趋向，为微积分的创立奠定了基础，由此大大促进了数学的发展，成为数学发展史上的里程碑。书中提出了解析几何学的主要思想和方法，标志着解析几何学的诞生。笛卡儿所建立的曲线和方程的对应关系，不仅标志着函数概念的萌芽，而且标明变数进入了数学，使数学在思想方法上发生了伟大的转折——由常量数学进入变量数学的时期。恩格斯对此作了高度的评价："数学中的转折点是笛卡儿的变数。有了变数，运动进入了数学，有了变数，辩证法进入了数学，有了变数，微分和积分也就立刻成为必要了。"

现在使用的许多数学符号都是笛卡儿最先使用的，包括已知数 a，b，c 以及未知数 x，y，z 等，还有指数的表示方法。解析几何直到现在仍是重要的数学方法之一。此外，他还发现了凸多面体边、顶点、面之间的关系，后人称为笛卡儿公式；还有微积分中常见的笛卡儿叶形线等。笛卡儿堪称 17 世纪及其后的欧洲哲学界和科学界最有影响的巨匠之一，被誉为"近代科学的始祖"。

笛卡儿创立的解析几何学，在科学史上具有划时代的意义。笛卡儿的这些成就，为后来牛顿、莱布尼茨等发现微积分，为一大批数学家的新发现开辟了道路。

【如何将算术运算转为几何运算】

算术仅由四或五种运算组成，即加、减、乘、除或（和）开根，后者可认为是一种除法。在几何中，为得到所要求的线段，只需对其他一些线段加加减减，不然的话，我可以取一个线段称之为单位，目的是把它同数尽可能紧密地联系起来，而它的选择一般是任意的。但在给定其他两条线段，则可求第四条线段，使它与给定线段之一的比等于另一给定线段与单位线段的比（这跟乘法一致）；或者，可求第四条线段，使它与给定线段之一的比等于单位线段与另一线段之比（这等价于除法），最后可在单位线段与另一线段之间求一个、两个或多个比例中项（这相当于求给定线段的平方根、立方根等等）。为了更加清晰明了，我将毫不犹豫地将这些算术的术语引入几何。

【如何在几何中进行乘、除和开平方根】

例如，令 AB 为单位线段，求 BC 乘 BD。我只要连接点 A 与点 C，引 DE 平行 CA，则 BE 即是 BD 和 BC 的乘积。

若求 BD 除 BE，我连接点 E 和点 D，引 AC 平行 DE，则 BC 即为

除得的结果。

若想求 GH 的平方根，我沿该直线加上一段等于单位长的线段 FG；然后平分 FH 于 K；我再以 K 为圆心作圆 FIH，并从 G 引垂线交圆于 I。那么，GI 即为所求的平方根。我在这里不讲立方根或其他根的求法，因为在以后讲起来会更方便。

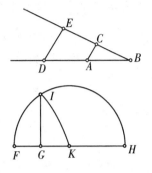

【我们如何在几何中使用算术符号】

通常，我们并不需要在纸上画出这些线，而只要用单个字母来标记每一条线段就够了。所以，为了作线段 BD 和 GH 的加法，我记其中的一条为 a，另一条为 b，并写下 $a+b$。同样，$a-b$ 将表示从 a 中减去 b；ab 表示 b 乘 a；$\frac{a}{b}$ 表示 b 除 a；aa 或 a^2 表示 a 自乘；a^3 表示自乘所得的结果再乘 a，并依此类推。类似地，若求 a^2+b^2 的平方根，记作 $\sqrt{a^2+b^2}$；若求 $a^3-b^3+ab^2$ 的立方根，记作 $\sqrt[3]{a^3-b^3+ab^2}$，依此可写出其他的根。必须注意，a^2、b^3 及类似的记号，我通常用来表示单一的一条线段，只是称之为平方、立方等等而已，这样我就可以利用代数中使用的术语了。

还应该注意，当所讨论的问题未确定单位时，每条线段的所用部分都应该用相同的维数来表示。a^3 所含有的维数跟 ab^2 或 b^3 一样，我都称之为线段 $\sqrt[3]{a^3-b^3+ab^2}$ 的组成部分。然而，对单位已确定的情形就另当别论了。因为不论维数的高低，对单位而言，总不会出现理解上的困难。因此，若求 a^2b^2-b 的立方根，我们必须认为 a^2b^2 这个量被单位量除过一次，而 b 这个量被单位量乘过两次。

最后，为了确保能记住线段的名称，我们在给它们指定名称或改变名称时，总要单独列出名录。例如，我们可以写 $AB=1$，即 AB 等于 1；$GH=a$，$BD=b$ 等等。

节选自《几何学·第一编》

《徐霞客游记》

徐霞客（1587～1641），名弘祖，字振之，号霞客，江苏江阴人，中国明代著名的地理学家、旅行家和文学家。

徐霞客

徐霞客幼年好学，博览图经地志。由于明末政治黑暗，党争剧烈，他于是断弃功名之念，以"问奇于名山大川"为志，自 22 岁起出游。30 余年间，他游历了今日的江苏、浙江、山东、河北、山西、陕西、河南、安徽、江西、福建、广东、广西、湖南、湖北、贵州、云南等地。他在旅行中历经艰险，曾路遇强盗，数次绝粮乞食，但他仍勇往直前，未曾放弃自己的理想。他将观察所得按日记载，除部分佚散外，遗有 60 多万字的游记资料。徐霞客死后，其遗作由季会明等整理成《徐霞客游记》，广泛流传。

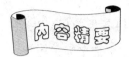
内容精要

《徐霞客游记》系日记体为主的地理名著，内容包括天台山、雁荡山、黄山、庐山等名山游记 17 篇和《浙游日记》、《江右游日记》、《楚游日记》、《粤西游日记》、《黔游日记》、《滇游日记》等著作。世传本有10 卷、12 卷、20 卷等数种。《徐霞客游记》主要按日记述徐霞客在1613 至 1639 年间旅行观察所得，内容十分丰富，从山川源流、地形地貌的考察到奇峰、瀑布、温泉的探秘；从动植物的生态品种到手工业、农业、矿产、交通运输、城市建筑等都有记载。

《徐霞客游记》（中华书局出版）书影

徐霞客以自然真实的事实、自己切身的经历，修正了许多古代地志沿误之处，破除了若干迷信臆说。他从朴素的科学方法出发，阐明了地下水压力原理，得出河流流速与流程成反比的分析，观察到地形、气温、风速对植物生态的影响。

另外，徐霞客在记游历的同时，还常常兼及当时各地的居民生活、风俗人情、少数民族的聚落分布、战争兼并等，许多事情多为正史稗官所不载，具有一定历史学、民族学价值。《徐霞客游记》被后人誉为"千古奇书"，徐霞客本人被誉为"千古奇人"。

影响和评价

《徐霞客游记》生动、准确、详细地记录了祖国丰富的自然资源和地理景观，是我国地理学面向实地考察、系统地进行观察和描述自然以及采集标本、描绘图样、探索其成因变化的产物。它是一部光辉的著作，它为历史地理学的研究提供了许多重要的资料，具有很高的科学价值和社会价值。《徐霞客游记》既是系统考察我国地貌地质的地理名著，又是描绘华夏风景的旅游巨著，还是文字优美的文学佳作，在国内外具有深远的影响。值得一提的是，徐霞客在中国古代地理学史上，具有超越前人的贡献，特别是关于我国西南地区喀斯特地貌的详细记述以及长江等江河源头的探索，居于当时世界的先进水平。

英国的科技史专家李约瑟在其主编的《中国科学技术史》一书中评价道："他的游记读来并不像是17世纪的学者所写的东西，倒像是一部20世纪的野外勘察记录。"

当然，徐霞客仍有一定的局限性。《徐霞客游记》中流露出宿命论和宗教迷信思想，但这只是微瑕，不足以掩盖《徐霞客游记》在中国文学史上、中国地理学史上的重要地位，它堪称"地理学的百科全书"。《徐霞客游记》已被译成英、法等文字，其影响力还在不断地扩大。

徐霞客故居

丙子（1636 年）十月十七日鸡鸣起饭，再鸣而行。五里，蒋莲铺，月色皎甚。转而南行，山势复簇，始有村居。又五里，白石湾，晓日甫升。又五里，白石铺。仍转西行，又七里，草萍公馆，（为常山、玉山两县界，）昔有驿，今已革革除矣。又西三里，即南龙北度之脊也。其脉南自江山县二十七都之小箅岭，西转江西永丰东界，迤逦至此。南北俱圆峙一峰，而度处伏而不高，亦束而不阔。脊西即有一涧南流，下流已入鄱阳矣。洞西累石为门，南北俱属于山，是为东西分界。又十里为古城铺，转而南行，渐出山矣。又五里，为金鸡洞岭。仍转而西，又五里，山塘铺，山遂大豁。又十里，东津桥，石梁高跨溪上。其水自北南流，其山高耸若负扆，然在玉山县北三十里外。盖自草萍北度，即西峙此山，一名大岭，一名三清山。山之阴即为饶之德兴，东北即为徽之婺源，东即为衢之开化、常山，盖浙、直、豫章三面之水，俱于此分焉。余昔从揭埠山裒里，乃取道其东南谷中者也。渡桥西五里，由玉山东门入，里许，出西门。城中荒落殊甚，而西，城外市肆聚焉，以下水之埠在也。东津桥之水，绕城南而西，至此胜舟。时已下午，水涸无长舟可附，得小舟至府，遂倩之行。二十里而暮，舟人乘月鼓棹夜行。三十里，过沙溪。又五十里，泊于广信之南门，甫三鼓也。沙溪市肆甚盛，小舟次停河下者百余艇，夹岸水舂之声不绝，然闻其地多盗，月中见有揭而涉溪者，不能无戒心。广信西二十里有名桥灞溪，下流又有九股松，一本九分，参霄竞秀，俱不及登。

十八日早起，仍觅其舟至铅山之河口。余初拟由广信北游灵山，且闻其地北山寺丛林甚盛，欲往一观。因骤发脓疮，行动俱妨，以其为河口舟，遂倩之行，两过广信俱不及停也。郡城横带溪北，雉堞不甚雄峻，而城外居市遥控，亦山城之大聚落也。城东有灵溪，则灵山之水所泄；城西有永丰溪，则永丰之流所注。西南下三十里，有峰圆亘，色赭崖盘，名曰仙来山。初过其下，犹卧未起，及过二十里潭，至马鞍山之下，回望见之，已不及登矣。自仙来至雷打石，二十里之内，石山界溪左右，俱如覆釜伏牛，或断或续，（不特形绝崆峒，并无波皱纹，至纤土寸茎，亦不能受。）至山断沙回处，霜痕枫色，映村庐而出，石陈若经一番点缀者。又二十里，过旁罗，南望鹅峰，峭削天际，此昔余假道分水关而趋慢亭之处，转盼已二十年矣。人寿几何，江山如昨，能不令人有秉烛之思耶！又二十里抵铅山河口，日已下舂，因流平风逆也。河口有水自东南分水关发源，经铅山县，至此入大溪，市肆甚众，在大溪之左，盖两溪合而始胜重舟也。

十九日晨餐后，觅贵溪舡即船。甚艰，待附舟者，久而后行。是早密云四布，时有零雨。三十里，西至叫岩。濒溪石崖盘突，下插深潭，澄碧如靛，上开横窦，回亘峰腰，（穿穴内彻，如行廊阁道，窗棂户牖都辨。）崖上悬书"渔翁隐次"四大字，崖右即有石磴吸波指石级紧贴水面而向上延伸。急呼舟子停舟而上。列石纵横，穿一隙而绕其后，见一径成蹊，遂溯源入墺。其后众峰环亘，积翠交加，心知已误，更欲穷源。墺转峰回，居人多截坞为池种鱼。绕麓一山家，庐云巢翠，恍有幽趣。亟投而问之，则其地已属兴安。其前对之山圆亘而起者，曰团鸡石岭，是为铅山之西界。团鸡之西即叫岩寺也。叫岩前临大溪，渔隐崖突于左，又一崖对突于右。右崖之前，一圆峰兀立溪中，正如扬子之金、焦，浔阳之小孤，而此更圆整，所称印山也。寺后岩石中虚，两旁回突，庋置放以一轩，即为叫岩。岩为寺蔽，景之佳旷，在渔隐不在此也。叫岩西十里为弋阳界，又有山方峙溪右，若列屏而整，上有梵宇，不知其名，以棹急不及登，盖亦奇境也。又三十里，日已下春，西南渐霁，遥望一峰孤插天际，询之知为龟岩，在弋阳南十五里。余心艳之，而舟已觅贵溪者，不能中止。又十里至弋阳东关，遂以行李托静闻随舟去，余与顾仆留东关外逆旅，为明日龟岩之行。夜半风吼雨作。

——节选自《徐霞客游记·江右游日记》

《光论》

克里斯蒂安·惠更斯（1629～1695），荷兰物理学家、数学家、天文学家，介于伽利略与牛顿之间一位重要的物理学先驱。他出生于海

牙。父亲与笛卡儿等学界名流交往甚密。惠更斯自幼聪慧好学，小时就表现出很强的动手能力。他于 1645 年在莱顿大学学习法律与数学，1647 转入布雷达学院深造。

惠更斯

后来，在阿基米得等人的优秀著作及笛卡儿等人的直接影响下，惠更斯致力于力学、天文学、光学、数学等方面的研究。惠更斯善于把科学实践和理论研究结合起来，透彻地解决问题，因此在摆钟的发明、天文仪器的设计、弹性体碰撞和光的波动理论等方面都有突出成就，是近代自然科学的一位重要开拓者。土卫六是惠更斯于 1655 年通过自制的望远镜发现的。

他的主要著作有《摆动的时钟》、《光论》、《时钟》、《论赌博中的计算》、《论物体的碰撞运动》、《重力起因演讲录》等。

《光论》一书发表于 1690 年。全书分为"论沿直线传播的光线"、"论反射"、"论折射"、"论空气的折射"、"论冰洲石的奇异折射和论起折射"和"反射作用的透明体的形状"6 章。他在书中阐述了光波动原理，即著名的惠更斯原理。惠更斯原理认为，对于任何一种波，从波源发射的子波中，其波面上的任何一点都可以作为子波的波源，各个子波波源波面的包络面就是下一个新的波面。

惠更斯认为每个发光体的微粒把脉冲传给邻近一种弥漫媒质（以

《光论》书影

太）微粒，每个受激微粒都变成一个球形子波的中心。他认为这样一群微粒虽然本身并不前进，但能同时传播向四面八方行进的脉冲，因而光束彼此交叉而不相互影响。在此原理基础上，他推导出了光的反射和折射定律，圆满地解释了光速在光密介质中减小的原因，同时还解释了光进入冰洲石所产生的双折射现象——由于冰洲石分子微粒为椭圆形所致。

在《光论》中，惠更斯虽然抛弃了笛卡儿的光的压力学说，但却提出了光波波面上的每一点都可作为分波波源，而新的分波包络面又构成了新的光波的设想，这也是笛卡儿研究光的本性工作的继续和延伸。

惠更斯原理是近代光学的一个重要基本理论。此原理虽然可以预料光的衍射现象的存在，却不能对这些现象作出完美的解释。也就是说，它可以确定光波的传播方向，而不能确定沿不同方向传播的振动的振幅。因此，可以说，惠更斯原理是人类对光学现象的一个近似的认识。后来，菲涅耳对惠更斯的光学理论作了发展和补充，创立了"惠更斯—菲涅耳原理"，才很好地解释了衍射现象，完成了光的波动说的全部理论。

《光论》一书充分反映了惠更斯的唯物论的机械自然观，他从大量的经验事实中得出"光是某种物质的运动"的观点。并且，本书总结了17世纪时主张光的波动学说的学者们的研究成果。从科学方法论的角度来看，惠更斯在《光论》中阐明了假说演绎法，并对这一方法的运用作出了示范，对科学方法论的发展起了重大的作用。

无法想象去怀疑光是某种物质的运动。因为，人们或者去考虑它的产生，会看到在地球上它主要由无疑含有快速运动物体的燃烧与火焰造成，而燃烧与火焰会溶解和熔化许多其他的甚至于那些最坚硬的物体；或者去考虑它的效应，会看到当光被汇聚，如被凹面镜汇聚时，它具有像燃烧那样的起火性质，也就是说，它使物体微粒离开。这无疑是运动的标记，至少在采用机械运动来构思所有自然效应起因的实际哲学中是这样的。我认为我们必须这么考虑，不然就放弃了一贯领悟物理学一切现象的全部希望。

还因为依照这种哲学，只要人们确信视觉兴奋只是某种物质运动对我们眼后神经作用的感应，就更有理由相信光存在于我们与发光体之间的物质运动之中。

此外，当人们考虑到光向四面八方传播的极限速度时考虑到来自不同部位甚至于是正相对部位的光线又是怎样彼此不受干扰穿过时，或许会清楚地认识到，当我们看到一个发光体时，光线不可能像射弹或箭穿过空气那种方式由物质从发光体传运给我们。因为那必将严重地违背光的这两个性质，尤其是第二个性质。于是，光应以另外某种方式传播，而我们有关声音在空气中传播的知识可以给我们以启迪。

......

我们在某种程度上已经指出，可以设想光以球面波连续传播，这一传播伴随一种在实验与天体观测中所要求的巨大速度。在这里，或许要进一步指出，尽管假定了微粒作连续运动（关于这一点有很多理由），并不妨碍波的连续传播。因为传播并不在于那些微粒的传送，而只在于一种不可避免向它们周围传递的小的扰动，不管施加在它们上面引起位置改变的是什么运动。

但是，我们还是有必要更具体地研究这些波的起源，以及它们的传播方式。首先，依据我们刚刚所作的有关光产生的论述，太阳、蜡烛或燃烧的煤这样的光亮物体上面每一个小区域，都能以该区域为中心产生其本身的波。于是，在蜡烛的火焰中标出了点 A、B、C，分别以这些点为中心作出的同心圆就表示来自它们的波。并且，对于火焰表面以及内部的每一点，都必须这样设想。

不过由于这些波的中心的振动不具有规则的次序，所以不能假定这些波本身以相等的距离一个接一个。假若距离像图中所标出的那样，与其用以表示来自同一中心的几个波，不如表示在相等的时间间隔同一个波的行进。

——节选自《光论·第一章》

《自然哲学的数学原理》

作者简介

　　艾萨克·牛顿（1642～1727），英国物理学家、数学家、天文学家、自然哲学家。牛顿出生于英格兰林肯郡格兰瑟姆附近的沃尔索普村，童年时身体瘦弱，但是兴趣极为广泛。他中学时代学习成绩并不出众，只是爱好读书，对自然现象特别好奇，例如颜色、日影四季的移动，尤其是几何学、哥白尼的"日心说"等。1661 年，他进入英国剑桥大学三一学院学习，1665 年，获得文学学士学位。1667 年，他回剑桥后当选为三一学院院委，次年获硕士学位。

牛顿

　　牛顿被誉为人类历史上最伟大的科学家之一。在物理学上，牛顿基于伽利略、开普勒等人的工作，建立了三条运动基本定律和万有引力定律，并建立了经典力学的理论体系；在天文学方面，牛顿创制了反射望远镜，解释了潮汐的现象；在光学上，他发现白色日光由不同颜色的光构成，发明了反射式望远镜，并从三棱镜将白光发散成可见光谱的观察，发展出了颜色理论。他还系统地表述了冷却定律，并研究了音速。在数学上，牛顿提出微积分，证明了广义二项式定理，提出了"牛顿法"以趋近函数的零点，并为幂级数的研究作出了贡献。

他的主要著作有《广义算术》、《解析几何》、《三次曲线枚举》、《牛顿物理引力学》、《自然哲学的数学原理》等。为纪念牛顿的突出贡献，国际天文学联合会决定把662号小行星命名为牛顿小行星。

1687年，《自然哲学的数学原理》拉丁文版问世。1729年，由莫特将其译成英文付印，就是现在所流行的英文版本。后世有多种文字的译本，中译本出版于1931年。本书的宗旨在于从各种运动现象探究自然力，再用这些力说明各种自然现象。

《自然哲学的数学原理》共分3卷。第1卷"物体的运动"为全书的讨论做了数学工具上的准备，把各种运动形式加以分类，详细考察每一种运动形式与力的关系。其中，质量的概念是由牛顿首先提出和定义的（当时称其为"物质的量"），这

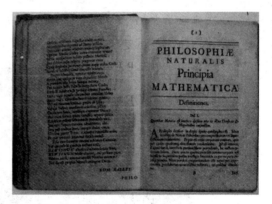

《自然哲学的数学原理》（英文版）内文

一名称后来被另一个物理量使用；第2卷讨论了"物体（在阻滞介质中）的运动"，进一步考察了各种形式阻力对运动的影响，提出阻力大小与物体速度的一次及二次方成正比的公式。还研究了气体的弹性和可压缩性，以及空气中的声速等问题；第3卷为"宇宙的系统"，讨论了太阳系的行星、行星的卫星和彗星的运行，以及海洋潮汐的产生等问题。

在全书的最后牛顿写了一段著名的"总释"，集中表述了牛顿对于宇宙间万事万物的根本原因——万有引力以及我们的宇宙为什是一个这样的优美的体系的总原因的看法，集中表达了他对于上帝的存在和本质的见解。

《自然哲学的数学原理》是一部划时代的巨著，是经典力学的第一部经典著作，也是人类掌握的第一个完整的科学的宇宙论和科学理论体系，其影响所及遍布经典自然科学的所有领域。《自然哲学的数学原理》是第一次科学革命的集大成之作，被认为是古往今来最伟大的科学著作，它在物理学、数学、天文学和哲学等领域都产生了巨大影响。

牛顿在进行科学研究

《自然哲学的数学原理》是几何学与力学的结合，是一种"理性的力学"，一种"精确地提出问题并加以演示的科学，旨在研究某种力所产生的运动，以及某种运动所需要的力"。

《自然哲学的数学原理》标志着世纪科学革命的顶点，就人类文明史而言，它为工业革命奠定了科学基础，成就了英国工业革命，在法国诱发了启蒙运动和大革命，在社会生产力和基本社会制度两方面都有直接而丰富的成果。爱因斯坦进行过如此的评价："至今还没有可能用一个同样无所不包的统一概念来代替牛顿的关于宇宙的统一概念。而要是没有牛顿的明晰的体系，我们到现在为止所取得的收获就会成为不可能。"

命题 4 定理 4

沿不同圆周做均匀运动的物体，其向心力指向各自圆周轨道的中心，并且相互间在相等时间内与划过的弧的平方成正比，再除以圆周半径。

根据命题 2 和命题 1 中的推论 2，这些力指向圆周的中心，它们之间的比值就正如最短弧在相等时间内经过的正弦之比，即正比于相同弧的平方除以圆周的直径。由于这些弧的比相当于在任意相等时间内划过的弧之比，而直径的比也等同于半径的比，因此，力正比于在相同时间内画过的任意弧长的平方，并除以圆周的半径。

证明完毕。

推论 1　由于这些弧长与物体的速度成正比，那么，向心力就与速度的平方成正比，与半径成反比。

推论 2　由于周期正比于半径而反比于速度，那么，向心力与半径成正比，并与周期的平方成反比。

推论3　若周期相等，那么，速度与半径成正比，向心力也同样与半径成正比。反之亦相同。

推论4　若周期和速度均与半径的平方根成正比，那么，向心力相等，反之亦相同。

推论5　若周期和半径成正比，则速度相等，那么，向心力与半径成反比，反之亦相同。

推论6　若周期和半径的3/2次方成正比，那么。速度与半径的平方根成反比，向心力与半径的平方成反比，反之亦相同。

推论7　概括地说，若周期与半径R的任意次方N成正比，那么，速度与半径R的$n-1$次方成反比，向心力与半径R的$2n-1$次方成反比，反之亦相同。

推论8　物体经过的任意相似图形的相似部分。且这些图形都处于相似的位置，并有各自的中心，那么，只需将前例中的证明加以运用，任何有关时间、速度和力的条件都满足上述论证。事实上，这种运用非常简单，只要将经过的相等面积代替相等运动，用物体到中心的距离代替半径就可以了。

——节选自《自然哲学的数学原理·第二章》

第二章　近代科学名著

《无穷分析引论》

莱昂哈德·欧拉（1707～1783），瑞士著名的数学家、自然科学家，人类历史最伟大的数学家之一，被称为"分析的化身"。他出生在瑞士的巴塞尔城，小时候他就特别喜欢数学，13岁即进入巴塞尔大学学习，16岁时获硕士学位。

欧拉

欧拉用德、俄、英文发表过大量通俗文章，还编写过大量中小学教材。欧拉首先用比值来给出三角函数的定义。欧拉从最初几个公式解析地推导出了全部三角公式，还获得了许多新的公式。欧拉用 a、b、c 表示三角形的三条边，用 A、B、C 表示各个边所对的角，使得三角函数与指数函数联结起来。欧拉创立了许多新的符号，如用 $\sin$、$\cos$ 等表示三角函数，用 e 表示自然对数的底，用 $f(x)$ 表示函数，用 $\sum$ 表示求和，用 i 表示虚数等。

可以说古典力学的基础是牛顿奠定的，而欧拉则完善了其体系。

他从 19 岁开始发表论文，直到 76 岁，半个多世纪里写下了浩如烟海的书籍和论文。据统计，他共写下了 886 本书籍和论文，其中涉及分析、代数、数论、几何、物理、天文学、弹道学、航海学、建筑学等领域。其中，《无穷分析引论》、《微分学原理》、《积分学原理》三本书为著名的分析学三部曲，是分析学发展中的里程碑。它们是 18 世纪分析学的缩影，不仅作为标准的分析教科书，而且由于它们包含了自牛顿、莱布尼茨以来分析学中大量新的创造成果，直到 1821 年柯西的《分析教程》出版以前，在很长时间里一直是分析学的最权威的著作。

《无穷分析引论》一书于 1748 年出版于洛桑。全书共两卷，它是第一本沟通微积分与初等分析的专著。在该书中，欧拉第一次突出强调函数概念，论述了数学分析是研究函数的科学，并对函数概念作了更加透彻的研究。

第一卷共分 18 章，主要研究初等函数论。在欧拉之前，一些特殊的初等函数已得到了很好的研究。欧拉在此明确地将函数定义为量的解析表达式，并表明数学分析是函数的科学。他定义了多元函数，区分了代数函数与超越函数，显函数与隐函数等，并涉及代数基本定理、用无穷级数表达函数、变量函数、指数与对数函数的级数表示、圆函数、正弦函数的无穷乘积表示、大量无穷级数和、正弦函数的另一个无穷表达式、循环级数、连分数等方面的内容。

第二卷共分 22 章，属于解析几何的内容，主要研究曲线理论。其中，论述了高次平面曲线理论，介绍了平面和空间图形的微分几何。他超越了同时代人，给出了二阶曲线理论的代数发展，并用类比方法研究了三次曲线理论，第一次彻底研究了二阶曲面的一般方程。欧拉将关于曲线的结果推广到空间，发展了高维解析几何研究。

影响和评价

《无穷分析引论》是第一部首先突出函数概念并把它作为该书第二卷内容的基础的著作。欧拉另辟新径，一反牛顿以来的传统，拒绝把几何学作为微积分的基础，并纯粹地研究函数——从它们的分析表达式来论证，从而将微积分从几何中解放出来，将它建立在算术和代数的基础上，这为分析学的严格化开辟了正确的道路。

特别值得一提的是，《无穷分析引论》在无穷级数和函数概念方面，成为了权威教科书。260多年过去了，《无穷分析引论》不仅没有因过时被淘汰，还不断出现了新版本。它产生了巨大的影响，在科学教育中，特别是在数学教育中起着示范作用。

原著选读

$$\S 1$$

常量是固定的保持不变的量。

常量可以取定一个数值，一旦取定即保持常值不变。在需要用符号表示常量时，使用拉丁字母表中开始部分的字母 a、b、c 等。这是分析与代数的不同。代数的考察对象是固定的量，在代数中 a、b、c 等代表已知数，x、y、z 等代表未知数。而分析中前者代表常量，后者代表变量。

§ 2

变量是不确定的，是可以取不同数值的量。

确定的量都只可以是一个数，变量可以取每一个数。也即确定的量或者常量与变量的关系犹如单个事物与一类事物。一类事物包含这类事物的每一个，变量包含每一个确定的量。变量通常用拉丁字母表中结尾部分的字母 x、y、z 等表示。

§ 3

指定变量为某个确定的值，它就成了常量。变量可以取任何数，因而它的确定方式是无穷的。取不遍所有确定的数，这变量就依然是变量，不是常量。这样变量就包容着正数和负数、整数和分数、无理数和超越数等这一切数。零和虚数也一样地在它的取值范围之中。

§ 4

变量的函数是变量、常量和数用某种方式联合在一起的解析表达式。

只含一个变量 z，余者都为常量，这样的解析表达式叫做 z 的函数。表达式

$$a+3z, \quad az-4z^2, \quad ax+b\sqrt{a^2-z^2}, \quad c^2$$

等就都是 z 的函数。

§ 5

变量的函数本身也是一个变量。

可以用任何一个确定的值来代替变量，因而函数可以取无穷多个值。又由于变量可以取虚数值，因而函数可以取任何值。例如，函数 $\sqrt{9-z^2}$，如果限制 z 只取实数值，那么 $\sqrt{9-z^2}$ 就取不到大于 3 的值。如果允许 z 取虚数值，那就没有 $\sqrt{9-z^2}$ 取不到的值。例如，可以让 z 取 $5\sqrt{-1}$，但有时会遇到只是像函数的函数，不管变量取什么值，它总保持为常数。例如

$$z^0, \ 1^z, \ \frac{a^2-az}{a-z}$$

它们样子像函数，但实际上都是常量。

$$\S 6$$

函数由变量与常量联合而成。函数之间的基本区别就在于这联合方式。

联合方式决定于运算，运算规定量之间的关系。这运算首先是代数运算，即加、减、乘、除、乘方和开方，以及解方程；其次是超越运算，即指数运算、对数运算以及积分学提供的大量其他运算等。

这里指出两种简单的函数：一种是倍数，例如

$$2z, \ 3z, \ \frac{3}{5}z, \ az \ 等;$$

再一种是幂，例如

$$z^2, \ z^3, \ z^{\frac{1}{2}}, \ z^{-1} \ 等。$$

它们都只含有单一的一种运算。下面我们对包含多于一种运算的表达式加以分类，并赋予每类一个名称。

$$\S 7$$

函数分为代数函数和超越函数，前者只含代数运算，后者含有超越

运算。

z 的倍数、z 的幂以及由前面所说的代数运算形成的任何一个表达式，例如

$$\frac{a+bz^n-c\sqrt{2z-z^2}}{a^2z-3bz^3}$$

都是代数函数，代数函数常常不能显式表出，例如由方程

$$Z^5=az^3Z^3-bz^4Z^2+cz^3Z-1$$

确定的 z 的函数 Z 就不能显式表出。虽然这个方程解不出来，但可以肯定这个函数 Z 等于 z 和常数构成的某个表达式，因而这个 Z 是 z 的函数。关于超越函数要指出的一点是：超越运算必须作用于变量，如果超越运算只作用于常量，这样的函数依旧是代数函数。例如，记半径为 1 的圆的周长为 c，这 c 是个超越量，对于这个超越量 c，表达式

$$c+2,\ cz^2,\ 4z^c$$

等仍然是代数函数，有人对 z^c 是否为代数函数提出疑问，也有人认为指数为无理数的幂，如 $z^{\sqrt{2}}$ 不该归入代数函数，并给它们起了个名字叫半超越函数，这都无关紧要。

——《无穷分析引论·第一章》

《天体力学》

作者简介

皮埃尔·西蒙·拉普拉斯（1749～1827），法国数学家、天文学家，天体力学的奠基人之一、天体演化学的创立者之一、分析概率论的创始人、应用数学领域的先驱。拉普拉斯出生于法国诺曼底的博蒙，他在青

少年时期就显示出卓越的数学才能。18 岁时他离开家去巴黎，决定从事数学方面的工作。拉普拉斯寄去一篇力学方面的论文给达朗贝尔。1795 年，拉普拉斯任巴黎综合工科学校教授，后在高等师范学校任教授。1816 年，他被选为法兰西学院院士，1817 年任该院院长。

拉普拉斯一生著述颇多，发表的关于天文学、数学和物理学方面的论文达 270 多篇，专著合计有 4000 多页，其中最具代表性的是《天体力学》、《宇宙体系论》和《概率分析理论》。他用数学方法证明了行星的轨道大小只有周期性变化（即著名的"拉普拉斯定理"），并因研究太阳系稳定性的动力学问题而被誉为"法国的牛顿"和"天体力学之父"。

拉普拉斯

《天体力学》一书共分为 5 卷 16 册。第一卷（2 册）和第二卷（3 册）于 1799 年出版，主要论述了理论力学原理、天体力学的基本问题、吸引理论、均匀流体自转时的平衡形状、潮汐和大气潮理论；岁差和章动、月球天平动、土星环运动等方面的内容。第三卷（2 册）于 1802 年出版，内容涉及一阶二阶摄动公式、各大行星（水星到天王星）的球坐标的分析公式以及有关问题，月球运动方程的积分方法和各种主要摄动项。第四卷（3 册）于 1805 年出版，主要讨论了木星的 4 个卫星的运动、周期彗星运动、天文大气折射、重力测量、介质阻尼等方面的问题。第五卷（6 册）于 1825 年出版，本卷为其他各卷的补充和历史追述，主要讲述了地球的自转和形状、球体的吸引和排斥、弹性流体的平衡和运动规律、覆盖在行星上流体的涨落、天体绕自己重心的运动、行星和彗星的运动、卫星的运动等方面的内容。

《天体力学》堪称拉普拉斯的经典杰作，由于这部巨著的出版，拉普拉斯被誉为"法国的牛顿"。

本书集中了自牛顿以来的天体力学的全部成果，第一次系统地提出了"天体力学"这个学科的理论和方法，因而成为天体力学的奠基之作。

拉普拉斯不但提出了"天体力学"的概念，同时也系统地对其加以整理。天体力学后来的发展同数学、力学、地学、星际航行学以及天文学的其他分支学科都有关联。

在所有这些变化当中，我们发现了这一系统中天体的平均运动和平均距离的不变性，这似乎是大自然从开始就安排好了的，并持续到永远。正是这同一原则美妙地支配着地球，使个体得以保留，使物种赖以永存。根据所有行星及卫星都在彼此稍许倾斜的平面上沿同一方向运动这一事实可以得出，它们的轨道必定始终接近圆形，彼此很少倾斜。因此，黄赤交角的变化总是局限在狭小的范围之内，绝不会给地球带来一个永无止期的春天。我们已经证明，通过不断把月球朝向地球的那个半球拉向地心，地球引力转变为月球的自转以及月球公转的长期变化，并使月球的另一半球永远不为我们所见。最后，我们论证了，木星前三颗卫星的运动由于相互间的吸引作用，存在着如下的明显关系：从木星中心看去，第一颗卫星的平均经度减去第二颗卫星平均经度的3倍，再加

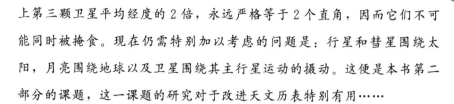

上第三颗卫星平均经度的 2 倍，永远严格等于 2 个直角，因而它们不可能同时被掩食。现在仍需特别加以考虑的问题是：行星和彗星围绕太阳，月亮围绕地球以及卫星围绕其主行星运动的摄动。这便是本书第二部分的课题，这一课题的研究对于改进天文历表特别有用……

唯有把分析方法应用于宇宙体系的时候，我们才能领悟到这种神奇方法的无比威力，没有这种方法，我们就不可能发现这种效果如此复杂，而原因又如此简单的机理。数学家现在已把整个行星系统连同其相继变化包罗进自己的公式中去，在想象中回顾行星系在极其遥远的年代里所经历的种种状态，并且预言随着时间的流逝观测者今后还能看到什么。借助于木星的迅速运转，他在木星的卫星系中看到，那种周期本是几百万年的雄伟奇观，得以在短短几个世纪中重复，这便造成了一些与行星系类似的奇特天象，天文学家早已怀疑行星系中存在这些天象，但因它们不是太复杂就是太缓慢，一直无法精确确定其规律。由于极为广泛的应用，引力理论现在已经成为获取新发现的一种手段，其可靠程度比起观测本身毫不逊色。引力理论使数学家知道了天体运动中的几种新的变差，使他能够预报 1759 年彗星的回归，这里彗星的运转由于木星和土星的引力而变化多端。依靠这一手段，他如同开采一座富矿一样，从观测中推导出大量重要而精密的结果，如果没有分析方法的帮助。这些宝藏将永远深藏而不为人们所见。这些结果包括：太阳、行星和卫星质量的相对值，这是由这些天体的公转以及其周期与长期变差的发展确定的；光速和木星的椭率，这是由木卫食给出的，精度要比直接观测高得多；天王星与土星的自转与扁率，这是通过考虑围绕这两颗行星的不同天体分别位于同一平面内这一事实得出的；太阳和月亮的视差以及地球的形状，这是根据月亮的某些变差推得的，正如我们今后将要看到的，月亮以其自身的运动向当代天文学家提示了地球椭球体微小的椭率，而地球的开头之为圆球，也是早期观测者从月食推知的。最后，由于分析方法与观测的幸运结合，月亮这个在夜间照耀着地球的忠实伴侣也成了航海者最可靠的向导。当他们因计算错误而长时间陷入危险境地时，可以指望得到月亮的保护。月离理论和月球历表的完善使航海者能够利用这颗重要天体精确测定自己的位置，这一成就乃是数学家和天文学家过去50年辛勤劳动的硕果，它兼备了一项发现所能具有的一切价值：课题和重要性与实用性，它的各种应用，以及要克服的困难的分量。就这样，因广泛应用而渗透进自然科学和技术的这个最抽象的理论，已经成为欢乐舒适取之不尽的源泉，即使对于那些完全不通晓这种理论的本质的人，也是如此。

——节选自《天体力学》

《电学实验研究》

法拉第（1791～1867），英国著名的物理学家、化学家，在化学、电化学、电磁学等领域都作过杰出的贡献。法拉第出生于伦敦的一个铁匠家庭，由于家境贫寒，未受过系统的正规教育。他13岁时到伦敦一家书店当学徒，接触到许多书籍。后来，他有幸当了化学家戴维的助手。

法拉第成名之后，严格控制自己的社会活动，几乎把全部精力都用于实验研究，甚至拒绝

法拉第

了许多荣誉。法拉第一生研究涉猎的范围特别广泛，成果卓著。1834年，他研究电流通过溶液时产生的化学变化，提出了法拉第电解定律；1845年，他发现一束平面偏振光通过磁场时发生旋转，这种现象就是"法拉第效应"，他据此认定光具有电磁性质；1852年，他提出了磁力线概念。法拉第制造了世界上第一台发电机。法拉第还发现电介质的作用，创立了介电常数的概念。后来，电容的单位"法拉"就是用他的名字命名的。

《电学实验研究》汇集了法拉第的精巧实验、形象描述和对物理学的深刻理解，记录了他对于电磁学的一系列研究成果。

1821年他研究了奥斯特发现的电流的磁作用，发现磁作用的方向是与产生磁作用的电流的方向垂直的，法拉第据此还制成了一种电动机，证明了导线在恒定磁场内的转动。法拉第还发现，许多物质在做成细针时会使自己的方向垂直于磁力线，而且它被磁铁的两极推开，这种行为是由很弱的力产生的，它要比作用在磁场中铁上的力弱得多。

法拉第被公认为最伟大的"自然哲学家"之一。他在几何学和空间上的洞察力，以及善于持久思考的能力，正好补偿了他数学上的不足。而他丰富的想象力加上足智多谋的实验才能、工作热情和相应的耐性，使他能够迅速地分辨假象，高瞻远瞩。

法拉第应用在《电学实验研究》一书里探讨的理论制成了电动机，为人类利用电能开辟了道路。同时，法拉第根据其实验研究的结论，于

1831 年发明了一种电磁电流发生器，这就是最原始的发电机。这一发明奠定了未来电力工业的基础。

《电学实验研究》不仅是一部记录实验方法和实验结果的报告，更是法拉第勤勉、诚实、坚定、无私的一生的光辉写照，是他在遭受诽谤和打击之下不屈不挠、不断探索的灵魂的呼唤，就像他发明的电力一样，为当代全球有志于探索自然界奥秘的人们提供着不竭的动力。

感生电流

1. 电压在其附近产生相反电态的能力一般称为感应。这个名词在收入科学词汇以后，也可以很恰当地表示电流使其附近物质从中间状态进入特殊状态的能力。本文就是在这种意义下选用这个术语的。

2. 电流感应的某些效应，现在已为人们所公认并作出描述了。例如，磁化的效应；安培实验使铜盘靠近平卷线的效应；安培用电磁体重复阿拉果的特殊实验的效应，或许还有其他少数人的实验的效应。但是，看起来，这些效应好像不可能都是电流感应所生的效应。特别令人怀疑的是，在不用铁的时候，它们全归消逝，但仍有显现电压感应现象的无数物体还受到运动中的电感应的作用。

3. 再者，无论我们是否采用安培的美妙理论或其他任何理论，或在思想上保留怎样的意见，我们对于这样一点仍然感到奇异，那就是，由于每一电流都伴随着相应强度的与电流成直角的磁作用。所以，当优良的电导体放在该作用范围中，它们就不应具有任何通过自身的感应电流或产生与其电力相同的效应。

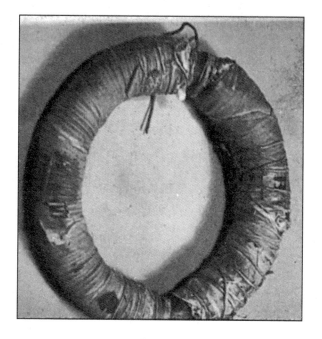

法拉第用过的电圈

4. 上述考虑及其后果即寻常磁体生电的希望，时常鼓舞着我去用实验来研究电流的感应效应，而且最近获得了积极成果。这种成果不仅实现了我的希望，据我看来，也为解释阿拉果的磁现象以及发现一个对电流某些最重要的效应具有重大影响的新领域提供了线索。

5. 关于这些结果，我不想按照获得它们时的次序来叙述。我们叙述方式是想对这个实验作一全面概括。

Ⅰ. 电流的感应

6. 将一根大约26英尺长、1/20英寸直径的铜丝在圆筒上绕成螺线管，管上各螺线用缝线隔开，使其不致接触。用白布将这个螺线管盖上。再如法做第二螺线管并叠于第一管上，如是共叠12个螺线管，每个螺线管的铜丝长度平均27英尺，而且方向同一。将第1、3、5、7、

9、11 螺线管彼此端结，形成一根螺线管，其他螺线管也彼此端结。于是，这两根紧密纠结的主要螺线管有着同一方向，它们在任何地方都不发生接触，各拥有 150 英尺长的铜丝。

7. 我将两主要螺线管之一连接电流计，另一主要螺线管连接一个由 10 对 4 英寸见方双层铜板构成的并已充电的伏打电池组，可是我观察不出电流计的指针有丝毫可观察的偏转。

8. 我制造了一个由 6 根铜丝和 6 根软铁丝所构成的与上相同的复合螺线管，其中铜螺线管拥有 214 英尺铜丝、铁螺线管拥有 208 英尺铁丝。但是，不管从电槽出来的电流是通过铜螺线管或铁螺钱管，电流计上总看不出对另一螺线管的效应。

9. 在这些和其他许多同样的实验中，铁与其他金属的作用没有显现出任何的差别。

10. 我将一根 203 英尺长的铜丝绕一大木，同时在它的各转之间夹转一根 203 英尺长的同样铜丝，并在各处用缝线隔开，以免金属接触。再将这两根螺线管之一连接电流计，另一连接一个由 100 对 4 英寸见方双层铜板构成的并已充电的电池组。当电路接通时，电流计上突然显现很微的效应；当电路断开时，同样很微的效应也曾出现。但是，当电流继续通过一螺线管时，电流计不动，也找不出像对干另一螺线管的感应那样的任何效应，虽然电池组对于其自身的螺线管的全面加热和通过炭棒时放电的耀度都证明了它的作用力是很大的。

11. 我再用一个由 120 对极板构成的电池组重新试验，结果仍然没有产生任何效应。但是有一点是在这次和上次实验中确定的，那就是在完成连接电路时，磁针总是朝一个方向略偏，而在断开电路时，该针也有同样偏转，不过是向另一方向。这种效应都是在使用第一螺线管（6、8）时出现的。

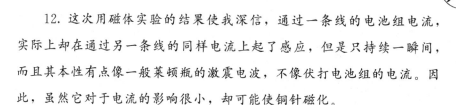

12. 这次用磁体实验的结果使我深信，通过一条线的电池组电流，实际上却在通过另一条线的同样电流上起了感应，但是只持续一瞬间，而且其本性有点像一般莱顿瓶的激震电波，不像伏打电池组的电流。因此，虽然它对于电流的影响很小，却可能使铜针磁化。

——节选自《电学实验研究》

《地质学原理》

作者简介

赖尔（1797～1875），英国地质学家、近代地质学之父。赖尔出生于苏格兰，自幼就酷爱大自然，对博物学有着广泛的兴趣。1814年，赖尔进入牛津大学学习数学和古典文学，就读期间被贝克威尔所写的地质学著作所吸引，从此对地质学产生了浓厚的兴趣。他参加了学校的地质活动小组，经常深入野外。各种昆虫的标本、贝壳、化石都使赖尔爱不释手。他在牛津大学获学士学位后进入林肯法学院，

赖尔画像

仍一如既往地关注着自然科学的研究。在林肯法律学院毕业后，赖尔放弃了律师工作，从事地质旅行和研究。1849年他当选为伦敦地质学会主席，1853年被牛津大学授予名誉博士学位他1861年当选为英国皇家学会主席。

赖尔在地质学方面取得了非凡的成就，主要代表作为《地质学原

理》、《地质学基础》等。

《地质学原理》第一卷于1830年出版，第二卷和第三卷于1883年出版。在赖尔的《地质学原理》问世之前，地球的历史是一个未解之谜，当时比较流行的"灾变论"给地球蒙上了神秘的面纱。赖尔在《地质学原理》一书中所确立的"渐变论"描绘出一幅地球演化史的清晰画面。

We may now conclude our remarks on deltas, observing that, imperfect as is our information of the changes which they have undergone within the last three thousand years, they are sufficient to show how constant an interchange of sea and land is taking place on the face of our globe. In the Mediterranean alone, many flourishing inland towns, and a still greater number of ports, now stand where the sea rolled its waves since the era when civilized nations first grew up in Europe. If we could compare with equal accuracy the ancient and actual state of all the islands and continents, we should probably discover that millions of our race are now supported by lands situated where deep seas prevailed in earlier ages. In many districts not yet occupied by man, land animals and forests now abound where the anchor once sank into the oozy bottom. We shall find, on inquiry, that inroads of the ocean have been no less considerable; and when to these revolutions produced by aqueous causes, we add analogous changes wrought by igneous agency, we shall, perhaps, acknowledge the justice of the conclusion of a great philosopher of antiquity, when he declared that the whole land and sea on our globe periodically changed places *.

* See an account of the Aristotelian system, p. 16, ante.

《地质学原理》内文书影

在赖尔看来，地球有着漫长的历史。地球的这一历史，又是整个人类和任何人所不曾经历过的过去。然而，人们对地球的过去是可以认识的。赖尔得出这一认识是基于"自然法则是始终一致的"这一原理，这是构成他的地质进化论思想的基石。当他开始写《地质学原理》时，在卷首引用了培根的"要认识真理，先要认识真理的条件"、林奈的"坚硬的岩石不是原始的，而是时间的女儿"，作为自己阐述地质进化思想的经典。赖尔根据大量事实认为："现在在地球表面上和地面以下的作用力的种类和程度，可能与远古时期造成地质变化的作用力完全相同。"既然作用于地球的各种自然力古今一致，那么人们就可以根据现在看到的仍然在起作用的自然力推论过去，解释地质历史时期的各种地质作用和地质现象。

《地质学原理》是19世纪有关地质进化论思想的经典著作。赖尔在书中所提出的地质进化思想以及他所确立的"古今一致"和"将今论古"的方法论原理不仅为地质学的发展作出了贡献，而且在整个科学史上也占有重要的地位。

赖尔在绪论中开宗明义地宣布，《地质学原理》以后的各章，将"说明地质学与创世论的区别"。正因为这一点，恩格斯站在时代的高度给以了赖尔很高的评价："只有赖尔才第一次把理性带到了地质学中，因为他以地球的缓慢变化这样一种渐进作用代替了由于造物主的一时兴发所引起的突然革命。"从这一层面上来说，赖尔的地球之进化论思想不仅在地质学上意义重大，在人类思想史上也是功勋卓著的。

地质学是研究自然界中有机物和无机物所发生的连续变化的科学；同时也探讨这些变化的原因，以及这些变化在改变地球表面和外部构造所产生的影响。

研究了地球和寄居在它上面的生物在过去时期中经过的情况，我们才可以对它的现状求得更充分的知识，而对现在制约有机物和无机物发展的规律，也可以得到更广泛的概念。研究历史学的时候，我们用古今社会情况的比较方法，来较深入的了解人类本质。我们必须追溯逐渐造成目前形势的一系列事迹；用联系一切因果的方法，我们才能在思想中分析和记忆无数事件的复杂关系——民族性格的特点，道德和智力的修养，以及许多其他情况——如果没有历史的结合，一切都要变成索然无味，或者不能得到充分的理解。各民族的现状，是许多以前变迁的结果，有些是远古的，有些是现代的，有些是渐进的，有些则是突变而剧烈的；自然界的状态也是一个长期一连串前后相继事变的结果；如果我们要增长对现代自然法则的知识，我们必须探讨它在过去时期中所造成的各种结果。

回忆各民族的历史，我们往往惊异地发觉，某一次战争的胜负，怎样影响了现在的千百万人民的命运，而这一次的战争，早被大多数人遗忘了。我们还可以发现，一个大国的疆界，它的居民所用的语言，他们的特殊风俗、法律和宗教信仰，都与这次遥远事变有不可分离的关系。如果我们追溯自然界的历史，我们所发现的关系，更可使人惊奇，竟至出人意料。海岸的形态、内陆的地形以及湖泊、河谷和山岳的存在与分布，往往可以追溯到以前盛行的地震和火山，而这些地方早已没有这一类的活动了。某些区域土壤的肥沃、另一区域土壤的贫瘠、陆地的升出海面、气候以及其他特征，都可以显明地归因于这些远古的激变。在另一方面，地面上的特殊地貌，往往可能起源于远古时代的缓慢而宁静的作用——湖泊或大洋中沉积物的逐渐堆积，或介壳和珊瑚的繁殖。

现在再选择一个例子：我们在某些地方看到含有植物物质的地下煤层；这些植物，以往像泥炭一样生长在沼泽里面，或被漂到湖海之中。这些湖海后来被填满了，生长森林的陆地，也沉没到水底而被新地层掩盖了，漂流植物的河流和潮水，也早已找不到了，而许多植物也是属于在我们的地球表面上早已绝迹的物种。然而商业的繁荣和一国的强盛，主要有赖于古代情况所决定的燃料的局部分布。

——节选自《地质学原理·第一章》

《物种起源》

作者简介

查尔斯·罗伯特·达尔文（1809～1882），英国博物学家、生物学家、进化论奠基人。达尔文出生在英国的施鲁斯伯里，他从小就热爱大自然，尤其喜欢采集矿物和动植物标本。16 岁时，他进入医学院学习，但经常到野外采集动植物标本。后来他被送到剑桥大学改学神学，但他对神学院的神创论等谬说十分厌烦，仍然把大部分时间用在听自然科学讲座、自学大量的自然科学书籍等方面。

1832～1836 年，达尔文搭乘"贝格尔"号环球考察回到英国。他对 5 年考察所积累的大量资料进行了整理，于 1842 年写出了《物种起源》的简要提纲。1859 年 11 月，《物种起源》终于出版了。

除《物种起源》外，达尔文的著作还有：《动物和植物在家养下的变异》、《人类的由来》、《考察日记》、《贝格尔号地质学》、《贝格尔号的动物学》、《人类和动物的表情》等。

达尔文

在《物种起源》一书中，达尔文提出了"进化论"的思想，说明物种是在不断的变化之中，经历由低级到高级、由简单到复杂的演变过程。全书主要包括三个部分的内容。

《物种起源》中文版书影

第一部分论述了遗传和变异的理论。达尔文通过对南美洲等地的地质、古生物的考察，以及长期家养动植物等的实践，发现一种生物经过许多世代后可以变成新的种类。他认为遗传过程中有变异发生，所以现代生物不同于古代生物，家养动物和栽培植物同它们的野生祖先也有差别。

第二部分论述了关于自然界生存斗争的理论。在遗传和变异理论的基础上，达尔文进一步提出了生存斗争的学说。达尔文发现，一切生物都有按几何比率自然增加的趋势。他认为，生存斗争是生物进化的重要途径。一切生物都有高速率增加的倾向，所以生存斗争是必然的结果。

第三部分论述了关于自然选择的理论。在家养动植物中，人们通过长期不断地选择对人类有利的变异个体，培育出了许多新品种。在自然界广泛而复杂的生存斗争中，有利于生物本身的变异也不断得到保存，形成了新的物种。达尔文将这一适者生存的原理，称为自然选择。

达尔文以科学家的态度来分析这个千百年来的问题。他所倡导的"进化论"被学术界、思想界公认为 19 世纪自然科学的三大发现之一。

《物种起源》奠定了进化论的科学基础。本书以全新的进化思想推

"进化论"演示图

翻了"神创论"和"物种不变论"，把生物学建立在科学的基础上，提出震惊世界的论断：生物是从简单到复杂，从低级到高级逐渐发展而来

的。本书发表传播后，生物普遍进化的思想以及"物竞天择，适者生存"的机制成为学术界、思想界的公论。

本书在人类思想发展史上可谓为最伟大、最辉煌的划时代的里程碑，对人类历史和人类的思想有着极大的影响。《物种起源》的问世，标志着进化论思想的正式确立。20 世纪 40 年代初，英国人霍尔丹和美籍苏联生物学家杜布赞斯在达尔文思想的影响下，创立了"现代进化论"。

人类用有计划的和无意识的选择方法，能够产生出而且的确已经产生了伟大的结果，为什么自然选择不能发生效果呢？人类只能作用于外在的和可见的性状："自然"——如果允许我把自然保存或最适者生存加以拟人化——并不关心外貌，除非这些外貌对于生物是有用的。"自然"能对各种内部器官、各种微细的体质差异以及生命的整个机构发生作用。人类只为自己的利益而进行选择："自然"则只为被她保护的生物本身的利益而进行选择。各种被选择的性状，正如它们被选择的事实所指出的都充分地受着自然的锻炼。人类把多种生长在不同气候下的生物养在同一个地方；他很少用某种特殊的和适宜的方法来锻炼各个被选择出来的性状；他用同样的食物饲养长喙和短喙的鸽；他不用特别的方法去训练长背的或长脚的四足兽；他把长毛的和短毛的绵羊养在同一种气候里。他不允许最强壮的诸雄体进行斗争，去占有雌性。他并不严格地把一切劣等品质的动物都毁灭掉，而在力之所及的范围内，在各个不同季节里，保护他的一切生物。他往往根据某些半畸形的类型，开始选择；或者至少根据某些足以引起他注意的显著变异，或明显对他有利的变异，才开始选择。在自然状况下，构造上或体质上的一些极微细的差异，便能改变生活斗争的微妙的平衡。因此它就被保存下来了。人类的愿望和努力只是片刻的事啊！人类的生涯又是何等短暂啊！因而，如与"自然"在全部地质时代的累积结果相比较，人类所得的结果是何等贫乏啊！这样，"自然"的产物比人类的产物必然具有更"真实"得多的性状，更能无限地适应极其复杂的生活条件，并且明显地表现出更加高级的技巧，对此还有什么值得我们惊奇的呢？

我们可以比喻他说，自然选择在世界上每日每时都在仔细检查着最微细的变异，把坏的排斥掉，把好的保存下来加以积累；无论什么时候，无论什么地方，只要有机会，它就静静地、极其缓慢地进行工作，把各种生物同有机的和无机的生活条件的关系加以改进。这种缓慢变化的进行，我们无法觉察出来，除非有时间流逝的标志。然而我们对于过去的悠久地质时代所知有限，我们能看出的也只是现在的生物类型和先前的并不相同罢了。

一个物种要实现任何大量的变异，就必须在变种一旦形成之后，大概经过一段长久期间，再度发生同样性质的有利变异或个体差异；而这些变异必须再度被保存下来，如此，一步一步地发展下去。由于同样种类的个体差异反复出现，这种设想就不应被看做没有根据。但这种设想是否正确，我们只能看它是否符合并且能否解释自然界的一般现象来进行判断。另一方面，普通相信变异量是有严格限度的，这种信念同样也是一种不折不扣的设想。

虽然自然选择只能通过并为各生物的利益而发生作用，然而对于我们往往认为极不重要的那些性状和构造，也可以这样发生作用。当我们看见吃叶子的昆虫是绿色的，吃树皮的昆虫是斑灰色的；高山的松鸡在冬季是白色的，而红松鸡是石南花色的，我们必须相信这种颜色是为了保护这些鸟和昆虫来避免危险。松鸡如果不在一生的某一时期被杀害，必然会增殖到无数；我们知道它们大量受到食肉鸟的侵害；鹰依靠目力追捕猎物——鹰的目力这样锐利以致欧洲大陆某些地方的人相戒不养白色的鸽，因为它们极容易受害。因此，自然选择便表现了如下的效果，给予各种松鸡以适当的颜色，当它们一旦获得了这种颜色，自然选择就使这种颜色纯正地而且永久地保存下来。我们不要以为偶然除掉一只特别颜色的动物所产生的作用很小；我们应当记住，在一个白色绵羊群里，除掉一只略见黑色的羔羊是何等重要。前面已经谈到，吃"赤根"的维基尼亚的猪，会由它们的颜色来决定生存或死亡。至于植物，植物学者们把果实的茸毛和果肉的颜色看做是极不重要的性状；然而我们听到一位优秀的园艺学者唐宁（Downing）说过，在美国，一种象鼻虫（Curculio）对光皮果实的危害，远甚于对茸毛果实的危害；某种疾病对紫色李的危害远甚于对黄色李的危害；而黄色果肉的桃比别种果肉颜色的桃更易受某种病害。如果借助于人工选择的一切方法，这等微小差异会使若干变种在栽培时产生巨大差异，那么，在自然状况下，一种树势必同一种树和大量敌害作斗争，这时，这种感受病害的差异就会有力地决定哪一个变种——果皮光的或有毛的，果肉黄色的或紫色的——得到成功。

——节选自《物种起源·第四章》

《思维规律研究》

乔治·布尔（1815～1864），英国数学家、逻辑学家。他出生于英

国林肯郡一个贫寒的鞋匠家庭。布尔小时候在父亲的指导下学习了初等数学，使他对数学产生了浓厚的兴趣，这对他的一生发展产生了深远的影响。1828 年，布尔进入一所商业学校学习，在此期间，他阅读了英国最好的数学家的著作，使他在数学上有了很大进步。16 岁起，布尔为了赡养双亲，做了 4 年的助教。1834 年，布尔辞去了助教一职，回家乡办了一所中学，在教学过程中，他发

乔治·布尔画像

现数学教科书非常浅显，此后他便自己研究数学。1835 年，布尔发表了第一篇论文《论牛顿》，虽然事实证明布尔已经自学成材，可是他仍为自己未获得过正规大学的文凭而苦闷和自卑。1849 年，布尔应聘到爱尔兰南部城市科克地方的皇后学院担任数学教授，他在工作中表现出的才能证明了他这个没上过大学的人完全能胜任大学的工作。为了表彰他在数学上的突出贡献，1851 年柏林大学授予他名誉博士学位。此后几年布尔一直边教学边从事数学理论的研究。1864 年，布尔由于冒雨去学校并穿着湿衣服给学生上课而患上了肺病，于同年 12 月 8 日病逝。

布尔最令人瞩目的成就就是他创造了"逻辑代数"，并且他成为了数理逻辑的奠基人之一。这项成就给 19 世纪的数学带来了新的转机，一个多世纪后它成为了计算机的理论基础。由于布尔的功绩，这个学科就以其名字命名而被称为"布尔代数"。

布尔的主要著作有《论牛顿》、《论分析中的一个普遍方法》、《逻辑的数学分析》、《思维规律研究》、《微分方程》、《有限差分演算》。《逻辑的数学分析》和《思维规律研究》奠定了布尔在数学史上的地位。

《思维规律研究》的全名为《思维规律的研究，作为逻辑与概率的数学理论的基础》，本书于 1854 年出版。

全书共有 22 章，每章有若干小节。第 1 章"特性与立意"说明了本书的特色和总体安排。随后的 20 章可分为两大部分：第 2 章到第 15 章的内容是逻辑代数，介绍了该学科的符号与法则、命题的分类、形式推理原则以及各种方法的具体阐述；最后 6 章的内容是逻辑代数在概率论中的应用。最后一章"智慧之结构"与前面的内容有关系但又相对独立，对全书作了概括性的总结。

《思维规律研究》一书的出版不仅标志着逻辑代数的创立，也象征着现代意义上的符号逻辑的开端。这项成果为 19 世纪沉寂的英国数学注入了活力。此外，这本书是数学史、逻辑史和计算机史上的一部名著，是符号逻辑代数的奠基之作。随着计算机的迅速普及，该书对所有数学分支的影响也日益扩大。

今天，布尔代数的推广在拓扑学、射影几何学、抽象代数的结构理论、泛函分析及一般遍历理论中都占有重要的地位。布尔的理论在信息的储存与加工方面也有着广泛的应用，对计算机科学的发展产生了深远的影响。

一般符号，特别是适合逻辑科学的符号，以及这些符号的集合所遵守的规律。

1. 语言是人类推理的工具而不仅仅是表达思想的媒介，这是被广泛接受的事实。本章研究如下的问题：是什么使语言对我们的智力有所助益。在研究每一步时我们应该研究语言的构成，而语言则被视为适合用于最终目的或目标的系统。研究它的要素，探索、确定它们的相互关系和依赖性，以及研究它们是以什么样的方式对实现目标作出贡献，而它们把这个目标看作一个系统的并列部分。

在进行这些研究时，没必要参与众多学校关于如下著名问题——语言是否应被视为推理的基本工具，或者另一方面，没有它的辅助我们是否可以进行推理——的大讨论。我认为这个问题偏离了当前论述的主题，因为如下两个原因：即规律研究是科学的事；我们是否把符号看作事物以及事物关系的代表，或者看作概念和人类智慧运算的代表。在研究符号的规律时，我们实际研究的是已经证明了的推理规律。如果在这两种研究之间存在着差异，它也不会影响形式规律科学的表达形式，它虽是本书当前阶段研究的对象，但它仅与这些结果呈现给智慧注意力的模式有关。因为尽管是研究符号的规律，但随后研究的直接对象是语言以及支配其使用的规律；在安排研究的直接对象——思维的内部过程时，我们以更直接的方式要求我们的个人意识，它将被发现在两种情况下获得的结果在形式上是相等的。如果我们不能确定这些语言在智力本身规律上是一致的深层基础，我们就不会轻易地认为地球上数不胜数的方言土语应该是经过了漫长的历史长河保存下来的，以至于是通用的和普遍的。

2. 构成所有语言的元素都是符号或记号。词语是符号，有时它们被用来代表事物说出来；有时，智慧通过运算把代表事物的简单符号合成复杂的概念；有时，它们表达的是行为的关系、热情或者仅仅是性质，我们感受到这一切存在于我们经历的目标之中；有时，它们表达的是智慧感受的情绪。但是，尽管词语是在这个或另一个方式上起到的是记号或符号代表的作用，但它却并非是我们能够使用的唯一符号。考虑到它们的代表功能是确定的和可以理解的，所以只能被眼睛看到的记号以及任意能被其他感官感觉到的声音或动作与符号的性质是一样的。在数学科学中，字母以及符号＋、－、＝等都是作为符号来使用的，尽管"符号"术语只应用于代表运算或关系的后一个符号集合而不是用于代表数量元素的前一个集合。由于符号的真正重要性在任何情况下都不依赖于其特殊形式或表达形式，所以决定其使用的规律也是如此。不过在当前的论述中，我们需要处理的是书写符号，而且是在参考这些专有书写符号之下才要使用"符号"这个术语。符号的基本性质在下面的定义中被列举出来。

定义符号就是任意记号，具有一个固定的解释，在遵守固定的、依赖其相互解释的规律的前提下可与其他符合联合。

——节选自《思维规律研究·第二章》

《自然辩证法》

弗里德里希·冯·恩格斯（1820～1895），德国著名哲学家、马克

思主义的创始人之一，马克思的密友，国际无产阶级领袖。恩格斯出生于德国一个纺织厂主家庭，17 岁时在父亲坚持下辍学经商。他在工作期间，几乎把空闲时间都用于学习。

1844 年 8 月，恩格斯在巴黎见到马克思，两人决定为创立科学社会主义理论、制定无产阶级的科学世界观而奋斗。1846 年年初，恩格斯和马克思在布鲁塞尔建立了共产主义通讯委员会，同各国的社会主义团体建立联系，宣传科学社会主义。1847 年 12 月到 1848 年 1 月，马克思和恩格斯合著的《共产党宣言》，第一次公开升起共产主义运动的旗帜，是一个"周详的理论和实践的党纲"，标志着马克思主义的诞生。

恩格斯

恩格斯从 1873 年开始对自然辩证法进行了研究，写了许多札记和片断。其中《劳动在从猿到人转变过程中的作用》一文，科学地解决了人类起源的问题。这些手稿在恩格斯逝世后被编成《自然辩证法》出版。

恩格斯一生写过很多著作，这些著作都是马克思主义中的重要部分。

内容精要

《自然辩证法》由 10 篇论文、169 段札记、2 个计划草案，总共 181 个部分组成。大部分论文和札记的内容与两个计划草案相符合。

根据"总计划草案"的结构，全书包括 6 个方面的内容：第一，关于自然科学史、自然观史、自然史。这些内容主要反映在《导言》和有关札记中，阐述了有限事物在有生有灭、有灭有生的大循环中无限发展的规律性。第二，关于自然科学与哲学。这些内容主要反映在《〈反杜林论〉旧序·论辩证法》、《神灵世界中的自然科学》这两篇论文和有关札记中。第三，关于辩证法。这些内容主要反映在《辩证法》这篇论文和《偶然性和必然性》、《关于判断的分类》、《关于耐格里的没有能力认识无限》等许多札记中。在本部分中，恩格斯根据

《自然辩证法》书影

当时自然科学的材料论证了辩证法的基本规律和几对重要范畴。第四，关于物质运动的基本形式和科学分类。这些内容主要反映在《运动的基本形式》这一论文和《自然科学的辩证法》、《关于"机械的"自然观》等札记中，主要论述了辩证唯物主义关于物质观、运动观的一些基本原理，说明了物质运动基本形式之间的区别和联系，并以此为基础说明了各门自然科学之间的区别和联系。第五，关于数学和各门自然科学的辩证内容。这些内容主要反映在《运动量度——功》、《热》、《电》等论文以及《关于现实世界中数学的无限的原型》等札记中。恩格斯在这一部分里，从当时数学和各门自然科学的具体内容出发，论证了唯物辩证法

的正确性，并将其运用到对当时自然科学中的某些重大理论问题的分析中，以此作为反证。第六，关于劳动创造人的理论。恩格斯通过《劳动在从猿到人转变过程中的作用》这篇论文，论述了劳动在人类起源中的决定性作用、劳动是人与动物的本质区别，并指出了人类只有过渡到共产主义，才能成为社会和自然界的真正主人。这篇论文把自然辩证法和社会辩证法自然地衔接了起来。

　　《自然辩证法》是恩格斯的主要著作之一，是恩格斯多年来对自然科学研究的总结。它对19世纪中期的自然科学成就用辩证唯物主义的方法进行了概括，并批判了自然科学中的形而上学和唯心主义观念。

　　《自然辩证法》把社会发展理解为一种物质运动，并把它纳入自然界的物质运动系列来考察，不仅体现了历史唯物主义关于人类社会发展是一个自然历史过程的思想，而且还为全面理解与深刻把握马克思的世界历史范畴提供了自然史方面广阔的知识背景和深厚的思想基础。

　　另外，《自然辩证法》把社会运动理解为一种建立在机械运动、物理运动、化学运动和生命运动基础上的高级运动形式，也为我们全面理解与深刻把握世界历史的发生发展提供了科学的方法论基础。

　　因此，辩证法的规律是从自然界和人类社会的历史中抽象出来的。辩证法的规律不是别的，正是历史发展的这两个方面和思维本身的最一般的规律。实质上它们归结为下面三个规律：

　　量转化为质和质转化为量的规律；

对立的相互渗透的规律；

否定的否定的规律。

所有这三个规律都曾经被黑格尔以其唯心主义的方式只当作思维规律而加以阐明：第一个规律是在他的《逻辑学》的第一部分即存在论中；第二个规律占据了他的《逻辑学》的整个第二部分，而且是最重要的部分，即本质论；最后，第三个规律是整个体系构成的基本规律。错误在于：这些规律是作为思维规律强加于自然界和历史的，而不是从它们当中抽引出来的。从这里就产生出整个牵强的并且常常是可怕的虚构：世界，不管它愿意与否，必须符合于一种思想体系，而这种思想体系自身又只是人类思维某一特定发展阶段的产物。如果我们把事情顺过来，那么一切都会变得很简单，在唯心主义哲学中显得极端神秘的辩证法规律——也立刻就会变成简单而明白的了。

此外，凡是稍微懂得一点黑格尔的人都知道，黑格尔在几百个地方都懂得：要从自然界和历史中，举出最恰当的例子来确证辩证法规律。

我们在这里不打算写辩证法的手册，而只想表明辩证法的规律是自然界的实在的发展规律，因而对于理论自然科学也是有效的。因此，我们不能详细地考察这些规律的相互的内部联系。

一、量转化为质和质转化为量的规律。为了我们的目的，我们可以把这个规律表示如下：在自然界中，质的变化——以对于每一个别场合都是严格地确定的方式进行——只有通过物质或运动（所谓能）的量的增加或减少才能发生。

自然界中一切质的差别，或是基于不同的化学成分，或是基于运动（能）的不同的量或不同的形式，或是同时基于这两者。所以，没有物质或运动的增加或减少，即没有有关的物体的量的变化，是不可能改变这个物体的质的。因此，在这个形式下，黑格尔的神秘的命题就显得不仅是完全合理的，并且甚至是相当明白的。

几乎用不着指出：物体的各种不同的同素异性状态和聚集状态，因为是基于分子的各种不同的组合，所以是基于已经传给物体的或多或少的运动的量。

但是运动或所谓能的形式的变化又怎样呢？当我们把热变为机械运动或把机械运动变为热的时候，在这里质是变化了，而量依然如故吗？完全正确。但是关于运动形式的变化，正如海涅论及罪恶时所说的：每个人自己都可以是道德高尚的，而构成罪恶总是需要两个人。运动形式的变化总是至少在两个物体之间发生的过程，这两个物体中的一个失去一定量的一种质的运动（例如热），另一个就获得相当量的另一种质的运动（机械运动、电、化学分解）。

——节选自《自然辩证法》

《天演论》

托马斯·赫胥黎（1825～1895），英国著名博物学家，达尔文进化论最杰出的代表。他出生在英国一个教师的家庭。早年的赫胥黎因为家境贫寒而过早地离开了学校，但他凭借自己的勤奋，靠自学考进了医学院。1845 年，赫胥黎在伦敦大学获得了医学学位。

赫胥黎是达尔文学说的积极支持者，他在阅读过《物种起源》后即表示，他将全力以赴地投入这场捍卫科学真理的大论战中去。人们高度评价赫胥黎坚持真理、捍卫和传播科学真理的崇高品格："如果说进化论是达尔文的蛋，那么，孵化它的就是赫胥黎。"作为科普工作的倡导者，他创造了概念"不可知论"来形容他对宗教信仰的态度。他还创造了概念"生源论"，即一切细胞起源于其他物质，也叫"自然发生"，就是说生命来自于无生命物质。

赫胥黎

赫胥黎发表过 150 多篇科学论文，如《人类在自然界的位置》、《动物分类学导论》、《非宗教家的宗教谈》、《进化论与伦理学》等，内容不仅包括动物学和古生物学，而且涉及地质学、人类学和植物学等方面。他对海洋动物的研究尤为著名，曾指出腔肠动物的内外两层的体壁相当于高等动物的内外两胚层。

中国近代启蒙思想家、翻译家严复（1853～1921）译述了赫胥黎的《进化论与伦理学》，名曰《天演论》。

《天演论》是托马斯·赫胥黎宣传达尔文主义的重要著作，原为应英国牛津大学罗马尼斯讲座之邀所作的讲演，后来增加了导论与其他论文一起发表，名为《进化论与伦理学》。书的前半部分讲进化论，后半部分讲伦理学。严复选译了部分导言和讲稿的前半部分。严复在翻译时，强调了赫胥黎的进化论思想，采取了意译形式，加有诸多按语，表达自己的见解和主张，起名为《天演论》。

《天演论》分为上下两卷，上卷为 18 篇导言，即察变、广义、趋异、人为、互争、人择、善败、乌托邦、汰蕃、择难、蜂群、人群、制私、恕败、最旨、进微、善群、新反。下卷为 17 篇论，即能实、忧患、

《天演论》内文书影

教源、严意、天刑、佛释、种业、冥往、真幻、佛法、学派、天难、论性、矫性、演恶、群治、进化。《天演论》的基本观点是：自然界的生物不是万古不变，而是不断进化的；进化的原因在于"物竞天择"，"物竞"就是生存竞争，"天择"就是自然选择；这一原理同样适用于人类，不过人类文明愈发展，适于生存的人们就愈是那些伦理上最优秀的人。

赫胥黎的原作《进化论与伦理学》，其基本内容是宣传达尔文"物竞天择"的进化论和"适者生存"的生存斗争学说，在宣传"进化论"中发挥了一些作用。但严复翻译的《天演论》的影响更为深远，尤其是在新旧交替的特殊历史时期，在中国广大知识分子中间产生了极大的

影响。

《天演论》系统地介绍和宣传"优胜劣败"自然演化的进化论学说。本书的功绩不仅在于首次向国人介绍了达尔文的进化论思想，给人们提供了一种全新的世界观；更重要的是用自然界生物进化和演变规律阐述社会发展规律，揭示出国家落后就要挨打的定律，激发起人们救亡图存、变法维新的新观念，向世人敲响了国家危亡的警钟，成为近代中国资产阶级改良政治和社会革命的先导。

《天演论》翻译出版后，立即引起了轰动，在社会上产生了巨大的反响。当时很多知名人士都表达对此书的钦佩之情。梁启超认为严复译的《天演论》为"中国西学第一者也"。在《天演论》问世以后，"天演"、"物竞"、"天择"、"适者生存"等新名词很快充斥报纸刊物，成为最活跃的字眼。有的学校以《天演论》为教材，有的教师以"物竞"、"天择"为作文题目，有些青少年干脆以"竞存"、"适之"等作为自己的字号。

据统计，自1898年以后，在短短的十多年中，《天演论》就发行过三十多种不同的版本，这是当时任何其他西学书籍都不可比拟的。

原著选读

广　义

自递嬗之变迁，而得当境之适遇，其来无始，其去无终，曼衍连延，层见迭代，此之谓世变，此之谓运会。运者以明其迁流，会者以指所遭值，此其理古人已发之矣。但古以谓天运循环，周而复始，今兹所见，于古为重规，后此复来，于今为叠矩。此则甚不然者也。自吾党观之，物变所趋，皆由简入繁，由微生著，运常然也，会乃大异。假由当前一动物，远迹始初，将见逐代变体，虽至微眇，皆有可寻。迨至最初一形，乃莫定其为动为植。凡兹运行之理，乃化机所以不息之精，苟能静观，随在可察：小之极于跂行倒生，大之放乎日星天地；隐之则神思智识之所以圣狂，显之则政俗文章之所以沿革，言其要道，皆可一言蔽之，曰"天演"是已。此其说滥觞隆古，而大畅于近五十年，盖格致学精，时时可加实测故也。且伊古以来，人持一说以言天，家宗一理以论化，如或谓开辟以前，世为混沌，溜滑胶葛，待剖判而后轻清上举，重浊下凝；又或言抟土为人，咒日作昼，降及一花一草，蠕动蠁飞，皆自元始之时，有真宰焉，发挥张皇，号召位置，从无生有，忽然而成；又或谓出王游衍，时时皆有鉴观，惠吉逆凶，冥冥实操赏罚。此其说甚美，而无如其言之虚实，断不可证而知也。故用天演之说，则竺乾、天方、犹太诸教宗所谓神明创造之说皆不行。夫拔地之木，长于一子之微；垂天之鹏，出于一卵之细。其推陈出新，逐层换体，皆衔接微分而来。又有一不易不离之理，行乎其内。有因无创，有常无奇。设宇宙必有真宰，则天演一事，即真宰之功能，惟其立之之时，后果前因，同时并具，不得于机缄已开，洪钧既转之后，而别有设施张主于其间也。

趋　异

号物之数日万，此无虑之言也，物固奚翅万哉！而人与居一焉。人，动物之灵者也，与不灵之禽兽鱼鳖昆虫对；动物者，生类之有知觉运动者也，与无知觉之植物对；生类者，有质之物而具支体一官理者也，与无支体官理之金石水土对。凡此皆有质可称量之物也，合之无质不可称量之声热光电诸动力，而万物之品备矣。总而言之，气质而已。故人者，具气质之体，有支体官理知觉运动，而形上之神，寓之以为灵，此其所以为生类之最贵也。虽然，人类贵矣，而其为气质之所囚拘，阴阳之所张弛，排激动荡，为所使而不自知，则与有生之类莫不同也。

有生者生生，而天之命若曰：使生生者各肖其所生，而又代趋于微异。且周身之外，牵天系地，举凡与生相待之资，以爱恶拒受之不同，常若右其所宜，而左其所不相得者。夫生既趋于代异矣，而寒暑燥湿风水土谷，洎夫一切动植之伦，所与其生相接相寇者，又常有所左右于其间。于是则相得者亨，不相得者困；相得者寿，不相得者殇。日计不觉，岁校有余，浸假不相得者将亡，而相得者生而独传种族矣，此天之所以为择也。且其事不止此，今夫生之为事也，孳乳而寖多，相乘以蕃，诚不知其所底也。而地力有限，则资生之事，常有制而不能逾。是故常法牝牡合而生生，祖孙再传，食指三倍，以有涯之资生，奉无穷之传衍，物既各爱其生矣，不出于争，将胡获耶？不必争于事，固常争于形。借曰让之，效与争等。何则？得者只一，而失者终有徒也。此物竞争存之论，所以断断乎无以易也。自其反而求之，使含生之伦，有类皆同，绝无少异，则天演之事，无从而兴。天演者以变动不居为事者也，使与生相待之资，于异者匪所左右，则天择之事，亦将泯焉。使奉生之物，恒与生相副于无穷，则物竞之论，亦无所施，争固起于不足也。然则天演既兴，三理不可偏废。无异、无择、无争，有一然者，非吾人今者所居世界也。

复案：学问格致之事，最患者人习于耳目之肤近，而常忘事理之真实。今如物竞之烈，士非抱深思独见之明，则不能窥其万一者也。英国计学家即理财之学。马尔达有言：万类生生，各用几何级数。几何级数者，级级皆用定数相乘也。谓设父生五子，则每子亦生五孙。使灭亡之数，不远过于所存，则瞬息之间，地球乃无隙地。人类孳乳较迟，然使衣食裁足，则二十五年其数自倍，不及千年，一男女所生，当遍大陆也。生子最稀，莫逾于象。往者达尔文尝计其数矣，法以牝牡一双，三十岁而生子，至九十而止，中间经数，各生六子，寿各百年，如是以往，至七百四十许年，当得见像一千九百万也。又赫胥黎云：大地出水之陆，约为方迷卢者五十一兆。今设其寒温相若，肥确又相若，而草木所资之地浆、日热、炭养、亚摩尼亚莫不相同。如是而设有一树，及年长成，年出五十子，此为植物出子甚少之数，但群子随风而扬，枚枚得活，各占地皮一方英尺，亦为不疏，如是计之，得九年之后，遍地皆此种树，而尚不足五百三十一万三千二百六十六垓方英尺。此非臆造之言，有名数可稽，综如下式者也。

夫草木之蕃滋，以数计之如此，而地上各种植物，以实事考之又如彼。则此之所谓五十子者，至多不过百一二存而已。且其独存众亡之故，虽有圣者莫能知也。然必有其所以然之理，此达氏所谓物竞者也。竞而独存，其故虽不可知，然可微拟而论之也。设当群子同入一区之时，其中有一焉，其抽乙独早，虽半日数时之顷，已足以尽收膏液，令余子不复长成，而此抽乙独早之故，或辞枝较先，或苞膜较薄，皆足致然。设以膜薄而早抽，则他日其子，又有膜薄者，因以竞胜，如此则历久之余，此膜薄者传为种矣，此达氏所谓天择者也。嗟夫！物类之生乳者至多，存者至寡，存亡之间，间不容发，其种愈下，其存弥难。此不仅物然而已，墨、澳二洲，其中土人日益萧瑟，此岂必虔刘胺削之而后然哉！资生之物所加多者有限，有术者既多取之而丰，无具者自少取焉而啬；丰者近昌，啬者邻灭。此洞识知微之士，所为惊心动魄，于保群进化之图，而知徒高睨大谈于夷夏轩轾之间者，为深无益于事实也。

——节选自《天演论·上卷》

《电磁学通论》

　　詹姆斯·克拉克·麦克斯韦（1831～ 1879），英国物理学家、经典电动力学的创始人、统计物理学的奠基人之一。他出生于苏格兰的爱丁堡，天资聪颖，从小受到良好的教育。14 岁时，他在爱丁堡皇家学会会刊上发表了一篇关于二次曲线作图问题的论文。他 16 岁进入爱丁堡大学学习数学和物理，19 岁转入剑桥大学数学系学习，4 年后毕业留校任职。1861 年，他被选为伦敦皇家学会会

麦克斯韦

员。1865 年，他辞去教职回到家乡系统地总结他的关于电磁学的研究成果。1871 年，他受聘于剑桥大学，负责筹建卡文迪什实验室，1874 年建成后担任实验室的第一任主任，直到逝世。在麦克斯韦的努力下，卡文迪什实验室享誉全世界。

　　麦克斯韦善于从实验出发，经过敏锐的观察思考，应用娴熟的数学技巧，从缜密的分析和推理中，大胆提出有实验基础的假设，建立新的理论，再使理论及其预言的结论接受实验检验，逐渐完善，形成系统、完整的理论。他还在气体运动理论、光学、热力学、弹性理论等方面有重要贡献。他是气体运动理论的创始人之一，是与法拉第齐名的伟大电磁学家。

麦克斯韦总结了 19 世纪中叶前后，库仑、安培、奥斯特、法拉第以及他本人对电磁现象的研究成果，系统而全面地阐述了电磁场理论和电磁波的存在，建立了完整的关于电磁学的理论体系，写成并出版了著名的《电磁学通论》。

在本书中，麦克斯韦采用风格极为新式的关于项的对称性与矢量结构的论证，以最普遍的形式表示出电磁系统的拉格朗日函数。他比以前更为彻底地应用了拉格朗日的方程，推广了动力学的形式体系。

并且，在本书中麦克斯韦对整个电磁现象作了系统、全面的研究，将电磁场理论用简洁、对称、完美的数学形式表示出来，成为经典电动力学主要的理论基础。

《电磁学通论》在历史上对科学带来了重大的推动作用，开创了人类历史的新纪元。麦克斯韦的电磁理论直接推动了第二次工业革命的诞生。不过可惜的是，麦克斯韦在生前并没有看到他的理论被实验所证明。直到他死后多年，德国物理学家赫兹才用实验证实了电磁波的存在，并于 1888 年将其实验结果发表。

麦克斯韦的理论奠定了现代的电力工业、电子工业和无线电工业的基础，为现代社会的发展作出了杰出贡献。他所建立的电磁理论体系，不仅科学地预言了电磁波的存在，而且揭示了光、电、磁现象的本质的统一性，完成了物理学的又一次大综合。

1931 年，爱因斯坦在麦克斯韦百年诞辰的纪念会上才确立了麦克斯韦在物理学上比肩牛顿的地位，爱因斯坦对其贡献作了高度的评价："是牛顿以来，物理学最深刻和最富有成果的工作。"

量的测量

1. 一个量的每一种表示式都包括两个因子或成分。其中一个成分就是作为参照标准来表示该量的某一已知同类量的名称。另一个成分就是形成所求之量对应该采取的标准量的倍数。标准量在技术上称为该量的单位，而倍数则称为该量的数值。

有多少不同的要测的量，就必须有多少不同的单位，但是在所有的动力科学中却可能用长度、时间和质量这三个基本单位来定义这许多单位。例如，面积和体积的单位就分别定义为一个正方形和一个立方体，它们的边长是一个长度单位。

然而，有时我们也见到同一类量的若干种建立在独立的考虑上的不同单位。例如加仑即十磅水的体积被用作容积的单位，正如立方英尺被用作这种单位一样。在某些情况下加仑可以是一种方便的单位，但它不是一个系统的单位，因为它对立方英尺而言的数值不是一个确切的整数。

2. 在构成一个数学体系时，我们假设长度、时间和质量的基本单位已经给定，并根据这些单位而通过尽可能简单的定义来推出所有的导出单位。

我们所求得的公式必须是这样的：任何国籍的一个人，通过把式中的不同符号代成用他自己国家的单位测量的各量的数值，就将得到一个真确的结果。

因此，在一切的科学研究中，最重要的就是要应用属于一个适当定义的单位制的单位，并且要知道这些单位和基本单位的关系，以便我们可以能够立刻把我们的结果从一个单位制换算到另一个单位制。

此事可以通过确定用三个基本单位表示的每一个单位的量纲来最方便地做到。当一个给定的单位随三个单位中一个单位的n次方而变化，它就叫做相对于该单位有n个量纲。例如，科学上的体积单位总是其边为单位长度的一个立方体。如果长度单位改变了，体积单位就将按长度的三次方而变化，于是体积单位就叫做相对于长度单位有三个量纲。

关于单位量纲的知识提供一种检验，它应该应用于由任何冗长的研究所得到的方程。这样一个方程中的每一项相对于三个基本单位中每一个单位而言的量纲，必须是相同的。如果不相同，方程就是无意义的，从而它必然含有某种差错，因为按照我们采用的任意单位制之不同，它的诠释将是不同的。

三个基本单位

3.（1）长度在我国（指英国），适用于科学目的的长度标准是一英尺，它是保存在财政部（Exchequer Chambers）中的标准码的三分之一。

在法国和采用了米制的其他各国，长度单位是米。在理论上，一米就是从一极量到赤道的一条地球子午线的一千万分之一；但是在实用上，它是保存在巴黎的一个原器的长度，该原器是由鲍尔达制成的，它在融冰的温度下对应于戴兰伯所测定的上述长度。米并不曾改变以适应于对地球的新的和更准确的测量结果，而子午线的弧长却用原始的米来进行了估量。

在天文学中，从太阳到地球的平均距离有时被取作长度的单位。在目前的科学状况下，我们所愿意采取的最普遍的长度单位就是某种特定的光在真空中的波长，那种光是由钠之类的高度分散的物质所发射的，它在该物质的光谱中有很确定的波长。这样一个标准将和地球尺寸的任何变化都无关，从而应该被那些指望自己的著作比地球更能持久的人们所采用。

——节选自《电磁学通论》

第三章 现当代科学名著

《大脑两半球活动讲义》

作者简介

伊凡·彼特诺维奇·巴甫洛夫（1849~1936），俄国生理学家，以他的名字命名的生理学派的奠基人。他于 1875 年毕业于彼得堡大学数理系生物科学部，而后进入俄罗斯军事医学院深造。4 年之后，他从军事医学研究院毕业，获学士学位，并于 1883 年继续深造最后获得博士学位。1884 年起他任职于军事医学研究院。十月革命后，在彼得格勒建立了专门研究条件反射的实验站。

巴甫洛夫的科学研究大致可以分为三个阶段。由于童年时期比较长期的乡村生活经验，巴甫洛夫很早就对各种生物的活动和学说产生了兴趣，他从学生时代就开始从事神经调节的研究，提出了心脏营养神经的概念。从 1891 年起，他开始研究消化生理，创造了一系列独特的实验方法，揭示了消化系统活动的一些基本规律，由此他获得 1904 年诺贝尔生理学或医学

巴甫洛夫

奖，成为世界上第一个获得诺贝尔奖的生理学家。20世纪初，他的研究重点转到高级神经活动方面。他第一次用生理学中的"反射"概念来理解"心理性分泌"，建立了条件反射学说，其代表作是1923年出版的《动物高级神经活动客观性研究实验20年》和1927年出版的《大脑两半球活动讲义》。

巴甫洛夫一生成就辉煌，也获得了很多的荣誉。1907年他当选为俄国科学院院士，后又被英、美、法、德等22个国家的科学院选为院士。他还是28个国家（包括中国）生理学会的名誉会员和11个国家的名誉教授，其著作和学术精神影响了世界很多的科研工作者。

《大脑两半球活动讲义》成稿于1927年，巴甫洛夫时任苏联科学院生理学研究所所长，其科研成果在高级神经活动生理领域尤为显著。《大脑两半球活动讲义》作为巴甫洛夫在这方面的代表作，详细记述了他是如何将动物（以狗为例）的消化研究实验推向了心理学研究领域。

《大脑两半球活动讲义》共分23讲。最初6讲的内容说明大脑两半球工作的客观研究的技术方法、条件反射形成的条件、条件反射的外抑制和内抑制等；其次7讲讨论大脑两半球的分析工作与综合工作、神经过程在大脑皮层内的扩散、集中和相互诱导等；第14～16讲讨论睡眠以及清醒状态与完全睡眠之间的过渡时相（催眠相）；第17～21讲主要讲述机能性影响及手术性影响引起的大脑两半球病态，即巴甫洛夫由高级神经活动生理学转入高级神经活动病理生理学的探讨和研究，有着十分重要的理论意义与实际意义；最后22～23讲分别讨论研究的一般特色和把动物实验结果应用于人类的问题。

巴甫洛夫在做实验

在巴甫洛夫的所有著作中，《大脑两半球活动讲义》处于最重要的核心地位，因为本书是巴甫洛夫在长期实践的基础上所获得的结论和事实的最基本和系统的说明，其中涉及关于高级神经活动生理学和病理学的全部研究的近 3/4。在这本著作中，巴甫洛夫介绍了所谓"高级神经活动"，按照其原义泛指动物和人类的大脑皮层功能活动及其行为表现，这一定义在其他学派的生理学专著中也曾加以应用，指的是记忆、学习、语言等精神功能。完整而系统的理论使《大脑两半球功能讲义》成为他研究这一课题的最完整充实的总结。

巴甫洛夫在高级神经活动生理领域的代表作《大脑两半球活动讲义》出版后，在全世界范围内产生巨大影响，甚至一些心理学家将条件反射奉为经典，主张一切行为都应当以此为基础进行研究。尤其在他的祖国俄国，以经典性条件反射为基础的理论在心理学界和在相当长的时间内曾占统治地位。因为人们的相当一部分行为，用经典性条件反射的观点可以作出很好的解释。这本书一经出版，立即轰动了全世界。书中指出了所谓"意识"、"精神活动"也是"大脑"这个物质活动的产物，也要消耗一定的能量，这也就给唯物主义一个最直接有力的例证。

巴甫洛夫和他的不朽的生理学学说早为世界生理学界所熟知并受到广泛的赞扬，世界各国的生理学教学与教科书一般都涉及巴甫洛夫在消化生理学和条件反射学说方面的一些科学事实。巴甫洛夫对于条件反射的研究工作的重要性是不可估量的。他创立了条件反射学说，遵循辩证唯物主义的观点，运用自然科学的方法，批判了自然科学及哲学领域里的唯心主义。巴甫洛夫及其学生们还从生物学的角度，深入地研究了动物及人类大脑皮层功能活动的特征和异同及其病理障碍，进而形成了该学派的高级神经活动生理学及病理生理学。因此，他的科学贡献属于三个领域，即心脏生理、消化生理和高级神经活动生理，而他的高级神经活动学说对于医学、心理学以至于哲学等方面都有影响。

虽然由于科学技术和医学基础科学的发展，在巴甫洛夫所研究的领域，一些曾经的成果已经发生了新的变化，但他的研究理论和研究方法仍有一些被继承并影响着现在的科学界，这也正是他的伟大之处。

原著选读

现在转而讨论另一个问题：条件反射是在怎样的条件下形成的，新神经通路的接通是怎样发生的？基本条件就是：任何外来动因必须与非条件刺激物的作用同时发生。在我们的例子中，食物是食物反应的非条件刺激物。因此，如果与摄取食物同时，有一种原来与食物毫无关系的动因对动物发生作用，这种动因就将像食物本身那样变成同一种反应的刺激物。在你们刚才亲眼看到的例子中，情形就是这样。我们几次让节拍器声对狗发生了作用，接着就立刻喂给了食物，即引起了先天的食物反射。这样重复几次以后，结果，仅仅节拍器声就引起了唾液分泌和相应的运动。同样情形又见于有可厌物质进入狗的口腔而发生防御反射的时候。如果我们把弱酸液注入狗的口腔，就会发生非条件酸反射：动物做出种种动作，时时摇头张嘴，用舌排除酸液，等等，同时流出大量唾液。任何外来动因，只要几次与狗口内注入酸液同时发生，都可以引起完全相同的反应。由此可见，一定条件反射赖以形成的第一个基本条件就是：原来无关的动因与引起一定非条件反射的非条件动因同时发生作用。

第二个重要条件如下：在形成条件反射时，无关动因的作用必须稍早于非条件刺激物的作用。如果我仍采取相反的步骤，先让非条件刺激物开始作用，而后把无关动因结合上去，就不能形成条件反射。

我们实验室中的克列斯托夫尼科夫（A. H. КресТоВНИКОВ）关于这方面做了各色各种的实验，但结果总是相同。下面举出他的一些实验结果。对于一条狗，让香荚兰素的气味与注入酸液联合作用了 427次。在实验中，总是首先注入酸液，经过 5～10 秒钟后，再结合上香荚兰素的气味。结果，香荚兰素并未变成酸反应的条件刺激物。在以后的实验中，让醋酸戊酯的气味应用于注入酸液之前；结果，仅结合了 20次，醋酸戊酯就变成良好的条件刺激物。对于另一条狗，吃食后 5～10秒撞，让强烈的电铃声发生作用；经过 374 次结合以后，电铃声仍未变成食物反应的条件刺激物。但是，如果在狗吃食以前先让旋转物发生作用，那么，经过 5 次的结合以后，旋转物就已变成条件刺激物。以后，把同一个电铃声应用于狗吃食之前，只经过一次结合以后，电铃声就变成条件刺激物。我们曾用五条狗作了这种实验。无论新动因结合到非条件刺激物的时间是在非条件刺激物开始作用以后 5～10 秒钟或 1～2 秒钟，结果总是相同。在这些形成条件反射的场合，为了保证更大的确实性起见，我们不仅仔细地观察了动物的分泌反应，又观察了它的运动反应。由此可见，形成条件反射的第一类条件，就是非条件刺激物与那个用来形成条件刺激物的动因两者之间的时间关系。

——节选自《大脑两半球活动讲义》

《狭义相对论》

阿尔伯特·爱因斯坦（1879～1955），美国物理学家，犹太人，现代物理学的开创者和奠基人，世界公认的 20 世纪最杰出的科学家之一。

爱因斯坦一生中开创了物理学的四个领域：狭义相对论、广义相对论、宇宙学和统一场论。他是量子理论的主要创建者之一，在分子运动论和量子统计理论等方面也作出了重大贡献。因在光电效应研究方面的显著成就，他于 1921 年被授予诺贝尔物理学奖。他的主要著作有论文《由毛细管现象得到的推论》、《论动体的电动力学》、《关于辐射的量子理论》、《广义相对论的基础》，以及 1934 年出版的文集《我的世界观》等。

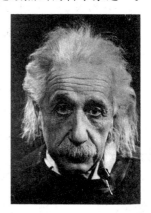

爱因斯坦

爱因斯坦爱好广泛，曾坦言自己拉小提琴的成就要比物理学成就高明。此外，爱因斯坦还是一位和平主义者。他目睹了两次世界大战对人类文明的摧残，认为和平是人类的首要问题。1955 年 4 月，弥留之际

的爱因斯坦签署了《罗素—爱因斯坦宣言》，呼吁人们团结起来，防止新的世界大战爆发。1999 年 12 月 26 日，爱因斯坦被美国《时代周刊》评选为"世纪伟人"。

　　爱因斯坦的《狭义相对论》可概括为 10 个主要方面，即 1 个变换、2 个公设、3 个公式、4 个推论。《狭义相对论》主要内容集中体现在"1 个变换、2 个公设"之中，它们之间又紧密地联系在一起。至于"3 个公式、4 个推论"则是从以上三者派生出来的。

　　1 个变换就是洛伦兹变换。如果说伽利略变换认定不同参考系中时间是绝对的，速度（包括光速在内）是相对的，那么洛伦兹变换则认定时间是相对的，光速是一个恒量。如果物体的运动速度远远小于光速时，这样洛伦兹变换就简化为伽利略变换了。

　　2 个公设之一是物理定律在一切惯性系统中都相同，也就是我们通常说的"狭义相对性原理"。这意味着在一切惯性系统中不但力学定律同样成立，电磁定律、光学定律、原子定律等物理定律也是同样成立的。第 2 个公设就是"光速不变性"公设：即真空中光速是一个常量，与观察者或光源的运动无关，与光的颜色无关。更明确地说，真空中光速 c 与光的频率、光源的运动、观察者的运动无关，而总是保持为恒定的数值（$c=299792458\text{m/s}$）。

　　3 个公式就是速度合成公式、质量速度公式和质能关系式：

　　a. 速度合成公式：当某系统以速度 v 运动时，如系统中某物体又以速度 u 向同方向运动，则狭义相对论的合成速度 w 如下式表示 $w=u+v$。显然，只有当 $u<c$、$v<c$ 时，该式才与牛顿力学一致。

　　b. 质量速度公式：m 为任何粒子或物体的动质量，m_0 为其静质量，如果其运动速度 $v>c$，则 m 成为虚数。因此，爱因斯坦认为虚质量是无意义的，这也是狭义相对论说"不可能有超光速运动"的理由之一。

c. 质能关系式：$E=mc^2$。1922 年爱因斯坦曾对该式作了如下说明：由此可见质量和能量在本质上是类同的，它们只是同一事物的不同表达形式而已。物体的质量不是一个常数，它随其能量的改变而变化。

4 个推论就是运动方向的长度缩短，运动的时钟变慢，光子静止质量为零，物质和信息不可能以超光速运动。

狭义相对论最重要的结论是使质量守恒失去了独立性。它和能量守恒原理融合在一起，质量和能量可以互相转化。如果物质量是 m，光速是 c，它所含有的能量是 E，那么 $E=mc^2$。这个公式只说明质量是 m 的物体所蕴藏的全部能量，并不等于都可以释放出来，在核反应中消失的质量就按这个公式转化成能量释放出来。按这个公式，1 克质量相当于 9×10^3 焦耳的能量。这个质能转化和守恒原理就是利用原子能的理论基础。

在狭义相对论中，虽然出现了用牛顿力学观点完全不能理解的结论：空间和时间随物质运动而变化，质量随运动而变化，质量和能量的相互转化。狭义相对论在狭义相对性原理的基础上统一了牛顿力学和麦克斯韦电动力学两个体系，指出它们都服从狭义相对性原理，都是对洛伦兹变换协变的，牛顿力学只不过是物体在低速运动下很好的近似规律。但是狭义相对论并不是完全和牛顿力学割裂的，当运动速度远低于光速的时候，狭义相对论的结论和牛顿力学就不会有什么区别。

影响和评价

几十年来的历史发展证明，狭义相对论大大推动了科学进程，成为现代物理学的基本理论之一。狭义相对论给出了物体在高速运动下的运动规律，并提示了质量与能量相当，给出了质能关系式。这两项成果对低速运动的宏观物体并不明显，但在研究微观粒子时却显示了极端的重要性。因为微观粒子的运动速度一般都比较快，有的接近甚至达到光速，所以粒子的物理学离不开相对论。质能关系式不仅为量子理论的建立和发展创造了必要的条件，而且为原子核物理学的发展和应用提供了根据。

狭义相对论以及广义相对论建立以来，已经过去了很长时间，它经受住了实践和历史的考验，是人们普遍承认的真理。相对论对于现代物理学的发展和现代人类思想的发展都有巨大的影响。相对论从逻辑思想上统一了经典物理学，使经典物理学成为一个完美的科学体系。

在读 AD 历险记中，你可能注意到 AD 的速度几乎是，但并不等于光速。这似乎有很充分的理由：远低于光速的速度相对论效应不显著。然而实际情况是超光速在物理学中是不可能的。

我会告诉你这是为什么。假想 AD 奋力想将他的飞船加速到光速。好，我们已经知道物质的能量与 γ 参数成比例，这在相对论计算中太普遍了。但你现在也会知道当物体的运动速度等于光速时，γ 参数将变为无穷大。因此，为了让 AD 的飞船加速到光速，他将需要无穷大的能量。这显然是不可能的。因此尽管对于一个物体可以以多么接近光速的速度运动并无限制，但任何有质量的物体都不可能达到光速。实际上，没有质量的物质必须以光速运动，在此我不想讨论其原因。唯一的一种没有质量的物质是光（被称作"光子"），或许还有中微子。[①]

还有其他物体不能朝光速运动的原因，其中之一与"因果性"有关。假设我投出一个垒球并打碎了一扇窗户，那么"我投出球"就是"窗户被击碎"的原因。如果超光速是可能的，那么一定会有某种参照系，其中"窗户被击碎"先于"我投出球"发生。这导致各种逻辑冲突（特别是当窗户已经碎了之后又有人截获了飞行中的球，阻止了窗户被击碎！）因此我们将物体能超光速运行这种可能性排除了。更进一步，因果性排除的不仅是超光速运动，更排除了任何超光速通讯。

光速，就我们所知而言，是一道不可逾越的障碍。

如果你和我一样是个科幻迷，这将是一个坏消息。几乎可以肯定，在除地球之外的太阳系中不存在有智慧的生命。然而恒星间的距离太远了！我们即使以光速运行，到达最近的恒星也要花上 4 年时间。所以没有比光快的交通手段，将很可能无法在银河系中游荡并与异型文明相遇，为争夺银河系的帝位而战，等等。

另一方面，由于长度收缩，或许情况并非那样令人绝望。假设你登上一条飞船，以接近光速飞往 10 光年以外的一颗恒星。从地球的参照系看来，这个旅行将持续 10 年。然而对于这次旅行中的乘客而言，长度缩短了。因此这个旅行只用了不到 10 年的时间。并且飞船飞行得越接近光速，（相对于地球和恒星的）长度收缩得也越多（你也可以从时间膨胀的角度考虑这个问题）。

为了说明这点，这里有一个表，标明以不同的速度到达不同目的地所需要的时间。让我解释一下它们的含义：

首先，为了能产生显著的长度缩短，我们必须非常接近光速。因此我假设在旅行中飞船可以产生一个稳定的加速度。这也就是说，飞船内的人将感受到一个连续的加速度。例如，前半程以 $1g$[②] 加速，后半程以 $1g$ 减速。

目的地	距离 （光年）	加速度 （g）	最高速度	地球时间 （年）	飞船时间 （年）
人马座α星	4.3	1	57c	13.6	12.7
		1	95c	5.9	3.6
		2	98c	5.2	2.3
天狼星	8.7	1	72c	20.3	17.7
		1	98c	10.5	4.6
		2	995c	9.6	2.9
Vega	26.5	1	91c	42	29.2
		1	998c	28.4	6.5
		2	9994c	27.5	3.9
猎户座	520	1	9994c	539	78
		1	999993c	522	12.2
		2	999998c	521	6.8
Deneb	1600	1	99993c	1620	99
		1	9999993c	1602	14.4
		2	9999998c	1601	7.9
银河系中心	30000	1	9999998c	30020	156
		1	Really fast	30000	20.0
		2	Really fast	30000	10.7
仙女座星系	2200000	1	Really fast	2200000	239
		1	Really fast	2200000	28.4
		2	Really fast	2200000	14.9

　　第二列以光年为单位给出了地球距离我们目的地的距离（一光年是光在一年内传播的距离，大约是 6 万亿英里）。我加入了三种不同加速度的计算，一种较小，另一种较大；剩下的一种与地球的重力加速度相

等。加速度为 2g 的旅行可能会非常不舒服，因此或许你根本不用再考虑所有比这更大的速度。

第四列列出了最大速度（在中点处，当飞船正要转入减速运动时）与光速的比值。最后两列给出了旅行所需要的时间。首先以地球为参照系，然后以飞船为参照系。其中的差别很重要。我的意思是，如果说你乘飞船以 2g 的加速度飞往猎户座，在你到达猎户座之前要在飞船上渡过 6.8 年的时间。（尽管距离很远，但"飞船时间"增加得非常慢。这是因为距离越大，在开始减速前你越能接近光速飞行，因此你得到的长度收缩越多！）但当你到达那里的时候，地球上已经过 500 多年了。你到达猎户座后所发出的任何信息都将在 500 年后到达地球，回信也是如此。因此如果人类有一天能漫步在银河系之中，不同居住点之间将处于隔绝状态。地球上的人不可能以任何常规方式同猎户座附近的人交谈。

为建造一艘可以像这样无限加速的飞船，现在看来有无穷的技术困难。这些困难可能会被证实是不可克服的，那么我们就只能在幻想的空间遨游；但如果它们是可以克服的，并且如果我们人类可以活得足够长以克服它们，那么我刚才所描述的正是依据狭义相对论的理论上（可行的）远程宇宙旅行。

当然，许多科幻小说仍然加入了超光速飞行。但它们也常常不得不在其中引入一些奇怪的概念，如："（时空）扭曲"、"超时空"。最终的情况是：就我们今天所知的时、空而言，超光速飞行是不可能的。但如果你喜欢，你总可以寄希望于某种时空的"窗口"或一个全新的、允许物体超光速运动的物理分支被发现。

那样，我们就可以着手建立一个大银河帝国了！

——节选自《狭义相对论·光速极限》

【注释】

①不久前已经证实，中微子有质量。 ——译者

②g 为地球的重力加速度。 ——译者

《控制论》

作者简介

诺伯特·维纳（1894～1964），美国数学家，控制论的创始人。维纳1894年生于美国密苏里州。他小的时候被称为神童，9岁就进入中学开始深入学习物理学和生物学，12岁中学毕业进入塔夫茨学院数学系。在大学时，维纳对物理、化学、哲学和心理学都比较感兴趣。他18岁获哈佛大学哲学博士学位。维纳在哈佛的最后一年，得到罗素、希尔伯特等著名数学家的直接指导，开始逐步成长为一代青年数学家。1919年，他由哈佛大学数学系主任奥斯古德推荐到麻省理工学院数学系任教。1933年，39岁的维纳当选为美国科学院院士。

维纳是信息论的创始人之一。他将统计方法引入通信工程，奠定了信息论的理论基础。二战期间，维纳探索了用机器来模拟人脑的计算功能，建立预测理论并应用于防空火力控制系统的预测装置。他在50年的科学生涯中，先后涉足哲学、数学、物理学和工程学，最后转向生物学，在各个领域中都取得了丰硕成果。他一生发表论文240多篇，著作14本。主要著作有《控制论》、《维纳选

维纳

集》和《维纳数学论文集》。因其成就显赫，1964年1月，荣获美国总统授予的国家科学勋章。

维纳所著《控制论》，是控制论这一学科的奠基性作品和经典文献。书中阐明了有关控制论的基本科学思想。全书共8章，作者在导言中详细介绍了控制论的诞生过程和发展边缘科学的基本方法。第1章从信息的观点，指出现代各种自动机都是通过接收印象和完成动作与外界联系的。它们包括感受器、效应器和相当于神经系统的器官，宜于用生理学的术语来描述。因此可用一种理论把它们跟生理学的机理概括在一起。这一章还阐明现代自动机进行信息处理的本质特征，指出自动机的理论是一个统计的理论，它必须对全部输入都做出令人满意的处理，也就是说，对一类从统计上预期要收到的输入做出统计上令人满意的处理。维纳就这样抓住了通信和控制系统的共同特点，并将它们与生物的控制机构进行类比，建立了控制论。第2～3章说明熵增加定律只适用于完全孤立系统，不适用于系统的非孤立部分。因此需要建立一种新统计力学，即时间序列的统计力学。他把通信和控制系统所接收和处理的信息流看作一个个时间序列，各个时间序列构成一个统计系统。从统计系统中任一时间序列过去的数据，可以求出整个系统的任一统计参数的平均值，即可由过去从统计上推知未来，预测未来。维纳就根据这一点提出著名的预测和滤波理论，证明了最优预测公式。第4章和第5章分析了一切控制系统中普遍存在的各种信息反馈和信息处理问题，并结合反馈系统稳定性和计算机的特点讨论了神经系统生理学和病理学的某些问题。第6章利用群扫描和多级反馈的概念，讨论了视觉生理问题和用一种感官来弥补另一种感官的缺陷问题。第 7 章结合计算机的可靠性，从控制论观点提出精神病理学中一些可能的机理。第 8 章试图用控制论观点来分析社会现象。

《控制论》封面书影

在 1961 年的第二版中，作者新增加了第 9 章和第 10 章。在这两章中，维纳根据生命系统特有的机理，提出了制造学习机、自繁殖机和自组织机器的科学预测和有关技术问题。维纳预见到了随着计算机科学的发展，人类将创造出模拟各种生命现象的自动机，制造出模拟和放大人脑功能的智能机。维纳提出的这些研究方向，已成为当代科学家的重要研究课题。维纳抓住了一切通信和控制系统的共同特点，即它们都包含着一个信息传输和信息处理的过程。他指出：一个通信系统总是根据人们的需要传输各种不同的思想内容的信息，一个自动控制系统必须根据周围环境的变化，自己调整自己的运动，具有一定的灵活性和适应性。通信和控制系统接收的信息带有某种随机性质，具有一定的统计分布，通信和控制系统本身的结构也必须适应这种统计性质，能对一类在统计上预期要收到的输入做出令人满意的动作。

《控制论》一书的出版，引起国际学术界的广泛瞩目，维纳因此成为国际知名科学家。维纳在《控制论》这本书中阐述的深刻思想引起了全世界人们的极大重视。它揭示了机器中的通信和控制机能与人的神经、感觉机能的共同规律，为现代科学技术研究提供了崭新的科学方法，有力地促进了现代科学和当代哲学观念的一系列变革。控制论的诞生是 20 世纪最伟大的科学成就之一。现代社会的许多新概念和新技术都与控制论有密切联系。

对生理学来说，控制论的贡献是巨大的，最突出的是把工程概念中的反馈概念引入到生物系统中来，大大丰富和发展了生理学。由克劳德·伯尔纳于上世纪提出的"内环境恒定"概念，进而被坎农发展为稳态理论，成为生命科学中现代基本概念之一，其意义是重大的；但如果没有反馈性自动调节机制，那将是完全不可思议的。

一个组织中的各个要素本身也是小的组织。这样一个关于组织的概念既不是生疏的，也不是新颖的。古希腊关系松弛的联邦、神圣罗马帝国及其同时代的类似组成的封建国家、瑞士联邦、尼得兰联邦、美利坚合众国以及中南美的许多合众国、苏维埃社会主义共和国联盟，这些都是政治领域内类似教阶（hierarchies）关系的组织系统的例子。Leviathan 即是由非完美无缺的人组成的"世人的国家"，它说明同样一种思想，只是组织程度上较低一些；而莱布尼茨的思想，认为生命机体其实是充满了其他生命机体（例如血球）的综合体，也是在同一方向上更前进了一步。这种思想实际上不过是细胞说的哲学先驱。细胞说认为大多数普通大小的动植物以及所有的大动物、大植物都是由许多单位，即细胞构成的，这些细胞都具有独立的生命机体的许多属性，即使不是所有的属性，多细胞机体本身可以成为建造较高级机体的砖块，例如僧帽水母就是由特殊分化了的水螅组成的一个复合体，其中有些个体已经为了要担任营养摄取、个体保持、运动、排泄、生殖和支撑整个群体等任务而发生各种变化。

严格地说，这种生理上相联结的群体所提出的组织问题，从哲学上看并不比低级阶段的个体所提出的组织问题更为深刻。在人和其他社会动物身上——例如一群狒狒或一群牛，群栖的海狸、蜂群、一窝黄蜂或一窝蚂蚁——情况就大不相同了。团体生活所表现的整体化程度接近于单一个体的行动所表现的水平；但个体大概有固定的神经系统，神经系统的各元件之间都有永久性位置关系和永久性联系；而团体却是由许多时空关系可以不断变动的、没有永久的、不可破的肉体联结的个体所组成的。一窝蜂的全部神经组织就是一只一只蜜蜂的神经组织。蜂群是怎样一致行动的呢？而且这种一致行动又怎么能富于变化、富于适应性和组织性呢？显然，秘密在于蜂群的成员之间有相互的通信。

这种相互通信的复杂性和内容可以大有不同。人的相互通信包括全部复杂的语言和文献以及许多其他东西。但对蚂蚁说，相互通信大概只是少数几种嗅觉。如果说一个蚂蚁能够把一只一只的蚂蚁都分辨清楚，这大概是不可能的，蚂蚁肯定能够分辨自己窝里的蚂蚁和别的窝里的蚂蚁，它可以同这只蚂蚁合作，把那只蚂蚁杀死。除了这类少数的外部反应以外，蚂蚁的智慧几乎同它被角质包裹起来的身子一样，是定型的、僵化的。这就是为什么我们事先可以料到，一个动物它的生长期乃至学习期同它成长后的活动期会截然分开的原因。这类动物的唯一通信方法就像体内的荷尔蒙通信系统一样，是一般性和扩散性的。的确，作为一种化学感觉的嗅觉一般都没有方向性，它同体内的荷尔蒙作用没有什么两样。

——节选自《控制论·第八章》

《中国科学技术史》

李约瑟

李约瑟（1900～1995），英国科技史学家、生物化学家。他早年在剑桥大学受教育，1922 年毕业于剑桥大学的冈维尔－基斯学院，获得哲学博士和科学博士双学位。1931 年李约瑟出版三卷本经典著作《化学胚胎学》，成为这门学科的奠基人。

1937 年，几名中国留学生向李约瑟介绍了中国悠久的科学发明和医药学，给身处"西方中心论"环境中的李约瑟带来很大的心灵震撼，使他形成了"一个宝贵的信念，中国文明在科学技术史中曾起过从来没被认识到的巨大作用"。从此之后，李约瑟对中国科学发生极大兴趣，立志研究中国科学技术史。他开始学习中文，阅读有关中国读物。两年后，他完成第一篇中国科技史论文。1942 年他任英国驻华使馆科技参赞，此后专事中国科技史研究。1948 年他返回剑桥大学，着手撰写《中国科学技术史》。李约瑟从 1967 年至 1976 年担任冈维尔与凯斯学院院长。退休后，以他个人藏书为基础建立了东亚科学史图书馆。

李约瑟的治学方法可概括为六个方面：兼收并蓄古文献、图片与考古史料，实地考察生产和生活传统，模拟实验与技术复原研究，中西比较研究，内史与外史研究相结合，国际大协作。由于他在研究中国科学技术史方面的巨大成就，1968 年在巴黎第 12 届国际科学史和科学哲学联合会上被授予乔治·萨顿奖章，1974～1977 年当选为国际科学史与科学哲学联合会的科学史分会主席。他还是英国唯一一位既是英国皇家学会会员、又是英国科学院院士的科学家，中国科学院首批外籍院士之一。

李约瑟一生著作等身，被誉为"20 世纪的伟大学者"、"百科全书式的人物"。

1954 年，李约瑟出版了《中国科学技术史》第一卷，轰动了西方汉学界。这本书引用大量详实的资料，证明中国的文明在世界科学技术史当中的重要作用。

全书要写成 7 大卷、50 章，作 16 开本，有的卷再分若干册，总共 35 册，1000 多万字。通过丰富的史料、深入的分析和大量的东西方比较研究，全面、系统地论述了中国古代科学技术的辉煌成就及其对世界文明的伟大贡献，内容涉及哲学、历史、科学思想、数、理、化、天、地、生、农、医及工程技术等诸多领域。卷一总论科学技术发展的历史和现状。卷二论中国科学思想及科技发展的思想背景。卷三为数学、天文学及地学。李约瑟把中国古代的数学成就和西方的近代数学相比较，证明中国的同等算法早于欧洲。卷四是物理学及相关技术，分 3 册。卷五是化学及相关技术，分 14 册，现已出 8 册。卷六为生命科学及相关技术，共 10 册。李约瑟还在这本书中把中国一些著名的技术发明由 A 到 Z 列到 26 项，他认为中国的文献考古证据和图画见证，清楚地向我们显示了一个又一个不平凡的发明与发现。卷七为全书总结，共 4 册，待出。最后还有总索引 2 册。

《中国科学技术史》第六卷封面书影

李约瑟站在世界史的高度来研究中国科学史，从比较观点考察中外科学交流，证明人类各文明区的科学技术不是彼此隔绝，而是相互沟通的，因此他的书不只专讲中国，还触及古希腊、中世纪欧洲、阿拉伯世界、印度、巴比伦，甚至还有美洲印第安地区，他用一连串事实在中国与这些文明之间架起了桥梁。他认为各个民族的科学创造力不分高下，都各有其贡献，但中华民族的贡献较为突出。他在论证中国对世界科学贡献时，以崇敬和爱戴的心情捍卫了中国人对一系列重大科学发现和技术发明的优先权，将中国科学文化置于世界史中应有的位置。通过他这部书，可以从中国科学史的视角看到世界科学的发展过程，在这一过程中所有地区的文明都有机地联系在一起。他在中国科学史探讨中所发展的许多理论概念，对一般科学史而言也是有启发性的。自然，他的书也为各国学者研究本国科学史提供了范例。

　　1954 年，李约瑟出版了《中国科学技术史》第一卷，轰动西方汉学界。在这部计有 34 分册的系列巨著中，每册的扉页上都印上他的这样一句话："在公元 3 世纪到 13 世纪，中国保持了一个其他地区和民族所望尘莫及的科学知识水平。"

　　《中国科学技术史》是一部体大思深、结构严密的有关中国传统科学文化的大百科全书，在世界上第一次以令人信服的史料和证据对4000 年来中国科学思想和科学技术的发展，作了全面系统的历史总结。这是一项空前创举，为人类展现了一个过去知之甚微的新的精神世界，使人们从昔日中国科学金矿中看到无尽的知识宝藏。李约瑟以对中国科技史独到的见解，打开了国际社会对中国科技史的研究和重视，使其成为重要的国际的学术，同时令中国学者对自己的科技史作更加深入广泛的研究。

可以说，《中国科学技术史》是世界上研究中国科技史最完备、最深刻、最具特色的一部里程碑式的著作。

为什么中国人在他们整个历史上系统地用木材、砖瓦、竹和灰泥建造房屋，都从不使用石料，而石料在其他文化中如希腊、印度和埃及都留下了那样持久的纪念物呢？我常觉得如果这问题能够得到全面的解答，那么就可说明许多更多方面的文化差异。肯定不能说中国没有合适的石料来建造与欧洲及西亚相类似的伟大建筑物，可是中国只用石料来建造陵墓、石碑及纪念物（其中往往用石头模仿木构造的典型细部）和用在路面、庭园和小路上。也许对社会和经济情况的进一步了解，可以阐明这个问题，因为在中国各个时代中，已知的奴隶制度形式似乎从来就与那些西方的方式不一样。西方奴隶制可以在一个时期派遣成千上万的劳动力开山采石。在中国文明中，绝对没有类似亚述或埃及的巨大的带有雕刻的条石，这种条石说明在搬运为雕刻和建造用的巨大石块时动用了大量劳动力。看来确实没有任何统治者会比第一次长城的建造者秦始皇那样的统治更专制了。毫无疑问，在上古和中古时期，中国能够通过徭役调动极大量的劳动力，但要紧的是最初决定中国建筑特殊形式时的社会情况，而且在木构造形式和缺乏集体奴隶制两者之间很可能存在着某种联系。从另一个不同的方面看，与古代象征的相互联系哲学可能也有关系。因为如果石料被认为是属于元素土，那么只有把它用在地面和地下是适当的，而木本身就是一种元素，处于土和天的火"气"之间，所以是适合于用以建筑的唯一物质。这种哲学或许不过是中国文化特征中的宁静风格和明智地厌恶奢侈的表现。何必企图支配后代呢？中国最杰出的园林著作家计无否（1634 年）曾说："人确实是可以造就某种会延续千年的事物，但没有人能说他会活到百年之后。它足以带来一点快乐和闲逸，它还用和谐宁静庇护着住宅。"（固作"千年事，宁知百岁人，足矣乐闲，悠然护宅。"）最后，我们不能不看到一个事实，即几乎全中国是经常受到地震的威胁的，所以经验可能表明木材的灵活性及弹性是优于坚实但易于震塌的沉重石料。可是这些见解都是推测，问题仍然存在。

——节选自《中国科学技术史》第二十八章

《一般系统论：基础、发展、应用》

贝塔朗菲（1901～1972），美籍奥地利理论生物学家，一般系统论的创始人。1926 年他获维也纳大学哲学博士学位，在该校任教。1937 年起，他先后在美国芝加哥大学、加拿大渥太华大学、阿尔贝塔大学、纽约州立大学等处任教。1954 年，他与拉波包特等人一起创建一般系统论研究会，出版《行为科学》杂志和《一般系统年鉴》。

贝塔朗菲建立了关于生命组织的机体论，并由此发展成一般系统论。1937 年，他提出了一般系统论的初步框架，1945 年在《德国哲学周刊》第 18 期上发表《关于一般系统论》的文章，但不久毁于战火，未被人们注意。1947 年他在美国讲学时再次提出系统论思想。1950 年他发表《物理学和生物学中的开放系统理论》，1955 年专著《一般系统论》，成为该领域的奠基性著作，在 20 世纪 60～70 年代受到人们重视。1972 年他发表《一般系统论的历史和现状》，把一般系统论扩展到系统科学范畴。

贝塔朗菲的学术经历了由生物学行为科学、精神医学哲学与社会科学的过程，此外还有数学语言的习得与运用。他的一般系统论学说的建构与阐释即是这一精神扩张历程的整合。他为系统思想的普及和深入做了大量的工作。1955 年，他发表重要著作《一般系统理论》，该书被译成德、意、法、西、日、汉等文，影响极为深远。

"系统论"作为一门精确化的新兴横断学科，是贝塔朗菲在 20 世纪上半叶创始的。贝塔朗菲系统论思维的原旨是：克服技术化、机械化的现代危机，重建人类作为生存主体的价值与尊严。系统论是 20 世纪最伟大的思想成就之一，它关注系统的整体性、能动性、互动性、时间性等特征。

贝塔朗菲的《一般系统论》专著的全名是《一般系统论：基础、发展、应用》，该书全面总结了一般系统论的基本内容。全书共分 10 章：（1）概论。（2）一般系统论的意义。（3）基本数学研究中的一些系统概念。（4）一般系统论的进展。（5）作为物理系统的有机体。（6）开放系统模型。（7）生物学中系统理论的若干方面。（8）人文科学中的系统概念。（9）心理学和精神病学中的一般系统论。（10）范畴的相对性。此外还有 2 个附录：数学系统理论发展注记和科学的内涵和统一性。

贝塔朗菲在这本书中提出了自己的系统论的观点。他认为，任何系

《一般系统论：基础、发展、应用》封面书影

统都是一个有机的整体，它不是各个部分的机械组合或简单相加，系统的整体功能是各要素在孤立状态下所没有的新质。他用亚里士多德的"整体大于部分之和"的名言来说明系统的整体性，反对那种认为要素性能好，整体性能一定好，以局部说明整体的机械论的观点。同时认为，系统中各要素不是孤立地存在着，每个要素在系统中都处于一定的位置上，起着特定的作用；要素之间相互关联，构成了一个不可分割的整体；要素是整体中的要素，如果将要素从系统整体中割离出来，它将失去要素的作用，正像人手在人体中它是劳动的器官，一旦将手从人体中砍下来，那时它将不再是劳动的器官了一样。

　　系统论的出现，使人类的思维方式发生了深刻的变化。以往研究问题，一般是把事物分解成若干部分，抽象出最简单的因素来，然后再以部分的性质去说明复杂事物。虽然这是几百年来在特定范围内行之有效、人们最熟悉的思维方法，但是它不能如实地说明事物的整体性，不能反映事物之间的联系和相互作用。系统分析方法却能站在时代前列，高屋建瓴，综观全局，别开生面地为现代复杂问题提供了有效的思维方式。所以，系统论连同控制论、信息论等其他横断科学一起所提供的新思路和新方法，为人类的思维开拓新路，它们作为现代科学的新潮流，促进着各门科学的发展。

　　系统论反映了现代科学发展的趋势，反映了现代社会化大生产的特点，反映了现代社会生活的复杂性，所以它的理论和方法能够得到广泛的应用。系统论不仅为现代科学的发展提供了理论和方法，而且也为解决现代社会中的政治、经济、军事、科学、文化等方面的各种复杂问题提供了方法论的基础，系统观念正渗透到每个领域。

　　由于将人文性引入到对自然科学的研究之中，贝塔朗菲试图在自然科学与人文科学两种文化之间架起一座桥梁。所以，贝塔朗菲的思想远远超越了生命科学本身的范围，为20世纪的科学提供了一种新的思维方式，也为我们对生命、进化、人性等问题的探讨留下了需要进一步思索的话题。

现在，我们可以把上面所考虑的那些问题概括如下：

现代科学的各种不同的学科，已逐渐形成相似的一般概念和一般观点。在过去，科学试图解释一种可观察的现象，就要把它归结为可以逐个独立地考察的基本单元的相互关系。而在现代科学中出现的概念则涉及多少有点模糊地称为"整体"的那个东西，即组织。现象不能分解为局部的事件，动态相互作用使处于较高级构形中的部分表现出不同于它们在各自孤立时的行为等问题。简而言之，考察各自孤立的部分，是不能理解各级"系统"的。这种性质的概念和问题已出现在科学的所有分支中，不论它们的研究对象是非生物、生命有机体还是社会现象。这种一致性尤为惊人，因为个别学科的发展是相互独立的，相互之间很不了解的，是建立在不同的事实和相互矛盾的基础上的。这意味着科学态势上和概念上的一个普遍变化。

不仅是不同学科在一般方面和观点上相似，而且往往在不同的领域里可以发现形式上相同的定律即同型的定律。在许多情况下，同型的定律适用于某些级种类或亚类的"系统"，而不考虑有关实体的性质。这表明一般系统定律是存在的，这些定律可用于一定类型的任何系统，而不考虑系统的特殊性质和各个元素的特性。

这些见解导致我们称为一般系统论的新学科的提出。它的主题是阐述对于"系统"普遍有效的原理，而不管其组成要素的性质及它们之间的关系或"力"是什么。

因此，一般系统论是关于"整体"的一般科学；在此之前整体被人们看作是一个不明确的、模糊的和半形而上学的概念。一般系统理论的精致形态可以说是一门数理逻辑学科，它以自己的纯粹的形式适用于各种经验科学。它对于同"有组织的整体"有关的学科的意义，可以说类同于概率论对于同"随机事件"有关的学科的意义。概率论也是一门形式上的数学学科，它能够应用于许多不同的领域，例如，热力学、生物学和药物试验、遗传学、人寿保险和统计学等等。

一般系统论的主旨是：

（1）各种不同的学科，包括自然科学和社会科学，有着走向综合的普遍趋势。

（2）这样的综合看来要以系统的一般理论为中心。

（3）这样的理论可能成为非物理领域的科学面向精确理论的一种重要方法。

（4）这一理论通过寻找出能统一"纵向地"贯穿于各个单个科学的共性的原理，可使我们更接近于科学大统一的目标。

（5）这一理论能够导致迫切需要的综合科学教育。

看来在这里谈一下这个理论的界限是适宜的。作者在许多年以前已经提出了一般系统理论这个术语和大纲。然而，各个不同领域的大量工作者也曾得出了相似的结论和探讨的方法。因此，建议维护这个名称，它现在已作为一个方便的符号而通用。

乍看起来，如果把系统定义为"处于相互作用中的各要素的集合"，那就太一般和太不明确了，不能由此得到更多的知识。这样的看法其实是不对的。例如：系统可用一定的微分方程组来定义，并且，用通常的数学推理，引入特定的条件，可以找到系统在一般情况下或特殊情况下的许多重要的特性。

一般系统论中所用的数学方法不是唯一可能的方法，也不是最普遍的方法。当代有大量与此有关的方法。例如：信息论、控制论、对策

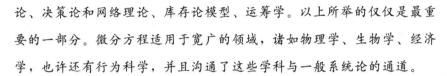

论、决策论和网络理论、库存论模型、运筹学。以上所举的仅仅是最重要的一部分。微分方程适用于宽广的领域，诸如物理学、生物学、经济学，也许还有行为科学，并且沟通了这些学科与一般系统论的通道。

——节选自《一般系统论：基础、发展、应用·一般系统论的宗旨》

《计算机与人脑》

约翰·冯·诺依曼（1903～1957），美籍匈牙利人。他从小聪颖过人，兴趣广泛，在数学方面尤其出色。

1926 年冯·诺依曼以优异的成绩获得了布达佩斯大学数学博士学位，此时他年仅 22 岁。1930 年他接受了普林斯顿大学客座教授的职位，1931 年成为该校终身教授。1933 年他转到该校的高级研究所，成为最初 6 位教授之一，并在那里工作了一生。

冯·诺依曼的著作《选集》一书中，收集了他的 150 余篇文章，其中约 60 篇是纯粹讲数学，20 篇属于物理学，60 篇属于应用数学，还有几篇零星的文章。冯·诺依曼逝世后，未完成的手稿于 1958 年以《计算

冯·诺依曼

机与人脑》为名出版。

冯·诺依曼历来被誉为"电子计算机之父",但数学史界却同样坚持认为冯·诺依曼是本世纪最伟大的数学家之一。他在遍历理论、拓扑群理论等方面作出了开创性的工作,算子代数甚至被命名为"冯·诺依曼代数"。物理界则认为冯·诺依曼在 30 年代撰写的《量子力学的数学基础》已经被证明对原子物理学的发展有极其重要的价值。而经济学家反复强调,冯·诺依曼建立的经济增长横型体系,特别是 40 年代出版的著作《博弈论和经济行为》,使他在经济学和决策科学领域竖起了一块丰碑。无论史学家怎样评价,冯·诺依曼都不愧为杰出的全才科学大师。

《计算机与人脑》是冯·诺依曼在 1955～1956 年准备讲演用的未完成稿,是自动机(以电子计算机为代表)理论研究中的重要材料之一。

冯·诺依曼是探索人脑思维过程的开拓者之一。在这本《计算机与人脑》中,他打算对自己的和其他人的有关研究成果进行概括。本书共分为两个部分。第一部分讲解计算机,包括计算机的模拟方法、数字方法、逻辑控制、混合数字方法、准确度以及现代模拟计算机和现代数字计算机的特征等 7 章来讲述。在这一部分中,作者概述了模拟计算机和数字计算机的一些最基本的设计思想和理论基础,探讨其中的若干问题,并对这两类计算机的特征及其比较加以评述。第二部分讲人脑,包括对人脑神经元功能的讲述,神经脉冲的本质,人脑对外界刺激的判断,神经系统内的记忆问题,神经系统的数字部分和模拟部分,神经系统的逻辑结构和人脑所使用的语言系统。作者在这一部分中,从数学的角度，主要是从逻辑和统计数学的角度，讨论了神经系统的刺激——反应和记忆等问题，提出神经系统具有数字部分和模拟部分两方面的特征，探讨了神经系统的控制以及逻辑结构。所有这些讨论，都注意了用人造自动机即计算机和"天然自动机"即人脑来做技术比较。他认为，人脑的"逻辑深度"和"算数深度"都比计算机小得多，但有许多现代计算机所不能比拟的优越性。通过这些比较和讨论，提出了一些富有启发性的、值得进一步进行试验和理论探讨的问题。

1954年电子计算机的诞生，是人类智力解放道路上的重要里程碑，西方的经济学家称之为现代新产业革命的一个标志。冯·诺依曼被称为"计算机之父"。现在使用的计算机，其基本工作原理是存储程序和程序控制，都是由世界著名数学家冯·诺依曼提出的。

冯·诺依曼在数学的诸多领域都进行了开创性工作，并作出了重大贡献。第二次世界大战之前，他主要从事算子理论、集合论等方面的研究。1923年他作了关于集合论中超限序数的论文，这篇论文显示了冯·诺依曼处理集合论问题所特有的方式和风格。他把集合论加以公理化，他的公理化体系奠定了公理集合论的基础。他从公理出发，用代数方法导出了集合论中许多重要概念、基本运算、重要定理等。特别在1925年的一篇论文中，冯·诺依曼就指出了任何一种公理化系统中都存在着无法判定的命题。

冯·诺依曼是他所处时代的杰出人物。他接受了多种荣誉和学位，他是普林斯顿大学、宾夕法尼亚大学、哈佛大学、伊斯坦堡大学、马里兰大学、哥伦比亚大学和慕尼黑高等技术学院等校的荣誉博士，是美国国家科学院、秘鲁国立自然科学院和意大利国立林且学院等院的院士。

把上面的比较总结一下。按大小对比，天然元件比人造元件的相对比较系数是 $10^8 \sim 10^9$，天然元件远较人造元件优越。这个系数是从线形尺寸的比例乘立方求得，它们的体积比较和能量消耗比较，也是这个系数。和这个情况相反，人造元件的速度比天然元件快，两者的此较系数是：人造元件此天然元件快 $10^4 \sim 10^5$ 倍。

我们现在可以根据上述数量的评价来作出一定的结论。当然，应该记住，我们前面的讨论还是很肤浅的，因而现在所得出的结论，随着今后讨论的展开，将需要作出很多修正。可是，无论如何，值得在现在就提出一定的结论。这几个结论如下：

第一，在同样时间内，在总容量相等的作用器官中（总容量相等，是以体积或能量消耗相等来作定义），天然元件比人造元件所能完成的动作数目，大约要多 10^4 倍。这个系数，是由上面已求得的两个比例数相除而得出来的商数，即 $10^8 \sim 10^9 / 10^4 \sim 10^5$。

第二，这些系数还说明，天然元件比自动机器优越，是它具有更多的但却是速度较慢的器官。而人造元件的情况却相反，它比天然元件具有较少的、但速度较快的器官。所以，一个有效地组织起来的大型的天然的自动系统（如人的神经系统），它希望同时取得尽可能多的逻辑的（或信息的）项目，而且同时对它们进行加工处理。而一个有效地组织起来的大型人造自动机（如大型的现代计算机），则以连续顺序地工作为有利，即一个时间内只处理一项，或至少是一个时间内处理的项目不多。这就是说，大型、有效的天然自动机，以高度"并行"的线路为有利；大型、有效的人造自动机，则并行的程度要小，宁愿以采取"串行"线路为有利（此处请参阅本书第一部分关于并行与串行线路的叙述）。

第三，应该注意，并行或串行的运算，并不是随便可以互相替代的（像我们在前面的第一点结论中，为了取得一个单一的"效率评分"，简单地把天然元件在大小上的有利系数，除以它在速度上的不利系数那样）。更具体地说，并不是任何串行运算都是能够直接变为并行的，因为有些运算只能在另一些其他运算完成之后才能进行，而不能同时进行（即它们必须运用其他运算的结果）。在这种情况下，从串行型式转换为并行型式，是不可能的，或者是只有在同时变化了它的逻辑途径和过程的组织之后才有可能。相反的，如果要把并行型式改为串行，也将对自动系统提出新的要求。具体地说，这常常产生出新的记忆需要，因为前面进行的运算的答案，必须先储存起来，其后的运算才能进行。所以，天然的自动机的逻辑途径和结构，可能和人造的自动机有相当大的区别。而且，看来人造自动机的记忆要求，需要比天然自动机更有系统、更严密得多。

——节选自《计算机与人脑·第九章》

《代数学》

范德瓦尔登（1903～1996），荷兰数学家、数学史家。他出生于阿姆斯特丹。他在中学时就显示了极高的数学天赋，曾独自扩展了三角学的某些法则。1919 年，他进入阿姆斯特丹大学学习，1924 年毕业。当年秋天，他又来到哥廷根大学深造。在那里，他遇到许多数学大师，其中对他影响最大的是爱米·诺特，因为她为范德瓦尔登打开了一个崭新的世界。1925 年，他回阿姆斯特丹后在德弗里斯督导下完成博士论文，论题涉及代数几何的基础。同时，他还在《数学年刊》上发表了几篇有关论文。1926 年，他在阿姆斯特丹大学获博士学位。

范德瓦尔登的主要贡献涉及代数几何、抽象代数学、群论、拓扑学、数论、几何学、组合学、分析学、概率论、数理统计学、天文学史和古代科学史。其中，既有代数几何、抽象代数学等理论方面的成就，又有群论方法在量子物理学和数理统计学中的应用等方面的实际问题。因而，他的研究内容和方法是同时代数学家的代表。

范德瓦尔登最著名的著作是《近世代数学》，它系统地总结了爱米·诺特、希尔伯特、戴德金、阿廷等人发展起来的代数理论，对代数学的发展具有重要影响，并且还标志着"抽象"代数的初创时期已经结束。这部书对提高数学家的学识修养具有很大意义，在某种程度上它确定了后来代数学研究的特点和方向。

《代数学》分为两卷，共有 18 章。

第一卷有 10 章，阐述了代数学基本原理和问题。

第 1 章题为"数与集合"，包含集合、映射、自然数序列、选择公理与良序定理、超限归纳法等 8 节，目的是为初学者介绍必要的逻辑和数学概念基础，以避免引起悖论的循环定义。第 2 章是"群"，阐述了群、子群及其运算、群的同构与自同构及同态等，最后给出了正规子群和商群的概念。第3章是"环与域",介绍了环的同态与同构、商的构成、多项式环、理想及同余类环等,并以"向量空间与代数"和"欧几里得环与主理想环"为例详细讨论了环与域的性质。第4章为"有理整函数",论述了关于系数在一个交换环或域中的一元及多元多项式的定理,用到了微分法、内插公式、因子分解等基本方法。第5、6、7章分别是"域论"、"群论续"和"伽罗瓦理论",它们仍然属于基础性的知识。第8、9、10章集中论述"域",分别是"无限域扩张"、"实阈"和"赋值域"。

第二卷有8章,是第一卷的继续深入,它较为全面地阐述了代数学发展至20世纪20年代末所积累的成果。

第11章是"单变量代数函数",它由赋值论中的"逼近定理"开始逐渐拓展到除子及其倍元、亏数、函数域的可分成元等,还讨论了古典情形下的微分和积分。第12章是"拓扑代数",是20世纪初拓扑学发展之后与抽象代数结合的产物。第13章的"交换环的一般理想论"、第14章

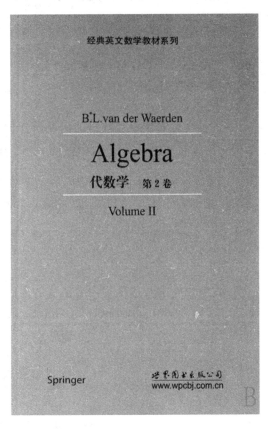

经典英文数学教材系列

B.L. van der Waerden

Algebra

代数学　第2卷

Volume II

Springer

世界图书出版公司
www.wpcbj.com.cn

《代数学》封面书影

的"多项式理想论"、第15章的"代数整量"又回到了代数中理想论的讨论，其中明显带有诺特学派的影响，如"诺特环"、"诺特定理"等结果。第15章中还论及古典理想论的公理建立，其证明过程中追求普遍性的思想已成为方法论的典范。第16、17章分别为"线性代数"和"代数"，它们重新夯实了已有代数的基础，用抽象代数的方法对它们进行改写，使之成为现代数学中的重要组成部分。其中"代数"一章，讨论了交换代数和非交换代数、单环与本原环、直和的自同构环等概念，还展示了代数在基域扩张下的动态。最后，第18章是"群与代数的表示论"。

《代数学》对抽象代数学的研究所作的系统总结在数学中具有基本性，它的结果和方法渗透到了那些与它相接近的各个不同的数学领域中，产生了一些有新面貌和新内容的数学领域，如代数数论、代数几何、拓扑代数、李群、李代数、代数拓扑学、泛函分析等。可见，抽象代数学对全部现代数学的发展有着显著的影响，并且对其他一些科学领域如理论物理、结晶学等也有重要影响。

《代数学》的一些基本内容已成为每个现代数学工作者必备的理论知识，有的还是某些领域的科技工作者需要掌握的有力的数学方法。

中外学者都给予《代数学》以高度评价，认为它是20世纪最重要的数学著作之一。《代数学》一问世就在数学界引起了轰动，标志着抽象代数学正式诞生。在此之后，抽象代数学或近世代数学就成为了代数学的主流，不久之后它也就理所当然地把"抽象"或"近世"的帽子甩掉，堂而皇之地成为了代数学的正统。

现代数学史家指出，范德瓦尔登的《代数学》至今仍是学习代数的好书。

代数与算术中的运算对象是各种各样的：有时是整数，有时是有理数、实数、复数、代数数；还有 n 个变元的多项式或者有理函数等等。以后我们还会有性质完全不同的对象如超复数、同余类等等。因此，有必要以一个共同的概念把这些对象概括起来，并且一般地来研究这些系统中的运算规律。

所谓具有两个运算的系统就是指元素 a、b……组成的一个集合，其中每两个元素 a、b 都唯一地决定一个和 $a+b$ 以及一个积 $a \cdot b$，它们还属于这个集合。

具有两个运算的系统成为环。如果对于系统中所有的元素，以下的运算规律成立：

Ⅰ. 加法的规律

a) 结合律：$a+(b+c)=(a+h)+c$

b) 交换律：$a+b=b+a$

c) 方程 $a+x=b$ 的可解性（对所有的 a 与 b）

Ⅱ. 乘法的规律

a) 结合律：$a \cdot bc=ab \cdot c$

Ⅲ. 分配律

a) $a \cdot (b+c)=ab+ac$

b) $(b+c) \cdot a=ba+ca$

附注　如果乘法还适合交换律：

II. b) $a \cdot b = b \cdot a$

那么这个环就称为交换的，以前我们碰到的主要是交换环。

关于加法的规律

三条规律 (I. a～I. c) 合起来正是说明了环元素对于加法组成一 Abel 群。因此，以前对于 Abel 群证明了的定力全可以搬到环上来：存在一个（且只有一个）零元素 0 具有性质

$$a + 0 = a \text{（对所有 } a）$$

对于每个元素 a 还有一个负元素 $-a$ 具有性质

$$-a + a = 0$$

方程 $a + x = b$ 不但是可解的，并且解是唯一的；它的唯一的解是

$$x = -a + b$$

我们记之为 $b - a$。因为每个差根据

$$a - b = a + (-b)$$

都能改写成"和"，所以在这个意义上，"差"与"和"一样次序可以改变，例如

$$(a - b) - c = (a - c) - b$$

等等。最后，$-(-a) = a$ 与 $a - a = 0$。

关于结合律

正如我们在第二章中看到的，根据"乘法的结合律"我们可以定义"连乘积"

$$\prod_1^n a_v = a_1 a_2 \cdots a_n$$

并且有主要性质

$$\prod_1^m a_\mu \cdot \prod_{v=1}^n a_m + v = \prod_1^{m+n} a_v$$

同样可以定义"连加和"

$$\sum_1^n a_v = a_1 + a_2 + \cdots + a_n$$

并且证明它的主要性质

$$\sum_1^m a_\mu + \sum_{v=1}^n a_m + v = \sum_1^{m+n} a_v$$

利用（I.b），"连加和"中项的次序可以任意改变；在交换环中，"连乘积"也有同样的性质。

——节选自《代数学·第三章》

《结构、耗散和生命》

普利高津（1917～2003），前苏联科学家，非线性化学领域的一位领军人物。他1917年生于莫斯科，20世纪40年代在比利时布鲁塞尔自由大学获得博士学位后留校工作，随后被聘为教授。他主要研究非平衡态的不可逆过程热力学，提出了"耗散结构"理论，并因此于1977年获得诺贝尔化学奖。

普利高津

普利高津共获得过53个荣誉学位，是20本书的作者，写了将近1000篇研究论文。他还收到了很多的国际奖赏，包括瑞典科学院的阿列纽斯金奖、伦敦的皇家学会的拉姆福德金奖、巴黎的笛卡儿奖章、法国第三级荣誉勋位，俄罗斯的国际科学奖和意大利参议院总统奖章。1989 年，普利高津被比利时国王授封为子爵。

普利高津的著作翻译在国内出版的有：《从存在到演化》、《探索复杂性》、《从混沌到有序》、《确定性的终结——时间、混沌与新自然法则》以及他著名的论文《结构、耗散和生命》等。

《结构、耗散和生命》是普利高津一篇非常重要的论文，把理论热力学的研究推向了当代的最高峰。这是普里高津学派 20 多年从事非平衡热力学和非平衡统计物理学研究的成果。

普利高津认为，只有在非平衡系统中，在与外界有着物质与能量的交换的情况下，系统内各要素存在复杂的非线性相干效应时才可能产生自组织现象，并且把这种条件下生成的自组织有序态称之为耗散结构。

从热力学的观点看，耗散结构是指在远离平衡态的非平衡态下，热力学系统可能出现的一种稳定化的有序结构。所谓耗散，指系统与外界有能量的交换；而结构则说明并非混沌一片，而是在时间与空间上相对有序。事实上，耗散结构理论就是研究系统怎样从混沌无序的初始状态向稳定有序的组织结构进行演化的过程和规律，并且试图描述系统在变化的临界点附近的相变条件和行为。

耗散结构是在远离平衡区的非线性系统中所产生的一种稳定化的自组织结构。在一个非平衡系统内有许多变化着的因素，它们相互联系、相互制约，并决定着系统的可能状态和可能的演变方向。在他的论文中，他提出一个典型的耗散结构的形成与维持至少需要具备的三个基本条件：一是系统必须是开放系统，孤立系统和封闭系统都不可能产生耗散结构；二是系统必须处于远离平衡的非线性区，在平衡区或近平衡区都不可能从一种有序走向另一更为高级的有序；三是系统中必须有某些非线性动力学过程，如正负反馈机制等，正是这种非线性相互作用使得系统内各要素之间产生协同动作和相干效应，从而使得系统从杂乱无章变为井然有序。也就是说，系统的发展过程完全可以经过突变，通过能量的耗散与系统内非线性动力学机制来形成和维持与平衡结构完全不同的时空有序结构。这就是耗散结构理论的精髓之所在。一个对象要想在实践中获得存在与发展，必须不断地从外界引入负熵，以抵消对象体内正熵的增加，从而确保对象不断地走向更高层次的稳定有序结构。

影响和评价

　　普利高津作为非线性化学领域的一位领军人物，他的研究使人们对生物学和自然科学中的时间角色有了更好的理解，特别是对复杂系统中动态过程的分析作出了历史性的贡献。普利高津大大提升了对不可逆过程的理解，这尤其是在远离平衡态的系统中。把热力学应用到生命系统和无生命系统的不可逆过程研究的第一人也是他。

　　他还发展了描述开放系统的耗散结构理论，开放系统中发生着系统与外部环境的物质能量交换。耗散结构理论比较成功地解释了复杂系统在远离平衡态时出现耗散结构这一自然现象，并得到广泛的应用。它已在解释和分析流体、激光器、电子回路、化学反应、生命体等复杂系统中出现的耗散结构方面获得了很多有意义的结果，并且正在用耗散结构理论研究一些新的现象。诸如核反应过程，生态系统中的人口分布，环境保护，交通运输和城市发展等，都可当作远离平衡态的复杂系统来研究。这方面的工作也取得了一定的进展。

耗散结构的研究揭示了一种重要的自然现象，并对复杂系统的研究提出了新的方向。在数学上描述复杂系统的方程通常是非线性的，一般包括分岔现象。耗散结构实质上对应于系统方程在远离平衡区的一个分岔解。因此，耗散结构的研究促进了分岔理论的发展。

在物理学方面，耗散结构的概念扩大和加深了物理学中的有序概念。对不同物理体系中各种耗散结构的研究，丰富了热力学和统计物理学中关于相变的研究内容，开辟了新的研究领域，为物理学研究这些非平衡非线性问题提供了新概念和新方法。

在化学和生物学方面，化学反应系统和生物学系统中耗散结构的研究，为生命体的生长发育和生物进化过程提供了新的解释，提供了新的概念和方法。在系统科学方面，耗散结构理论利用数学和物理学的概念和方法研究复杂系统的自组织问题，成为系统学的一个重要组成部分。

流体不稳定性的情况已由 Glansorff 用这个方法的框架处理过了。这里我们给出一个简短的摘要，为的是能够把流体的不稳定性和化学不稳定性进行比较。

具体地说，我们来考虑在温度不变时两平行壁之间的二维片流。由（3.5）我们有

$$\left. \begin{array}{l} \vec{J} = -\ (\vec{P} + \rho\vec{V}v) \\ \vec{X} = \dfrac{1}{T}\dfrac{\partial\vec{V}}{\partial\vec{X}} \end{array} \right\} \qquad (5.1)$$

其中 $\vec{P}$ 是压力张量，$\vec{V}$ 是对流速度，力 $\vec{X}$ 纯粹是耗散力。

但是，相应的流现在除了通常与黏滞性有关的耗散贡献 $\vec{P}$ 以外，还有对流的贡献。

作几次在别的地方叙述过的简单变换之后，在片流的临域我们发现

$$T\frac{\mathrm{d}\varnothing}{\mathrm{d}t} = \eta N - \rho M \qquad (5.2)$$

其中

$$\eta N = \eta \iint y^2\,\mathrm{d}x\mathrm{d}y$$

$$y = \frac{\delta v}{\delta x} - \frac{\delta u}{\partial y} \qquad (u = \delta v_x,\ v = \delta v_y) \qquad (5.3)$$

$$\rho M = -\rho \iint uv\,\frac{\partial v_x^\circ}{\partial y}\mathrm{d}x\mathrm{d}y$$

$$= -\int \rho\,\langle ur\rangle\,\frac{\delta x_x^\circ}{\partial y}\mathrm{d}y \qquad (5.4)$$

因此 ηN 表示黏滞性耗散，ρM 表示从本底到被雷诺切变所扰动的能量变换。

黏滞性对（5.20）的贡献始终为正。若我们可以略去惯性贡献 ρM，则我们就能有一个稳定的片流方式。相反，惯性项 ρM 没有肯定的符号。若 ρM 是正的，且可补偿耗散项 ηN，有可能出现不稳定性。

这两项的相对大小可以写成为下面的形式：

Wuchubuzai De Kexue Congshu

$$\frac{\varrho M}{\eta N} = R\frac{M'}{N'} \tag{5.5}$$

其中 R 表示雷诺数，而 M'，N' 是 M 和 N 的无量纲形式。

当 $M>0$ 且当雷诺数比临界值

$$R_c = \frac{N'}{M'} \tag{5.6}$$

大时，将出现片流的不稳定性。动能向涨落的转移将超过由于黏滞性和湍流引起的动能减少。

这些考虑是众所周知的。我们只想说明，普遍发展判据（3.5）中有一种特殊情况。应该注意的是，在片流和湍流间的转变中熵产生 d_iS/dt（此处由于黏滞性）增加。对于所有其他流体不稳定性，例如贝纳特（Benard）和泰勒（Taylor）不稳定性，这也是正确的。

作为定态的一个结果（见2.1），当 $d_iS/dt=0$ 时，（如果存在时间振荡，至少在平均意义上）熵流 d_eS/dt 绝对值增加。

因此，在流体不稳定性中，耗散结构就具有简明的热力学意义：耗散结构出现是作为系统对非平衡条件的响应，而且对于整个系统恢复平衡来说是一个更有效的机制。

——节选自《结构、耗散和生命·第五节》